U0870891

南宋書房
NANSONGBOOKS

何为生活，何以为美？

前言

宋代是我国历史上文化昌盛的时代，著名的唐宋八大家，宋代就占了六位。在宋代璀璨的文化史上，宋词和宋画被视为极有代表性的两座高峰。

宋词有多美？晏殊用“无可奈何花落去，似曾相识燕归来”来形容时光的流逝；李清照用“此情无计可消除，才下眉头，却上心头”来形容思念；苏东坡用“十年生死两茫茫，不思量，自难忘”来展现自己的悼念。似乎词人们的所有事物和情感都可以用这种美妙的语言来表述。

宋画有多妙？一匹消瘦的马凸出的骨头可以彰显它不屈的风骨，瘦弱的外表下，显现的是强大的气节；一条水墨巨龙姿态威猛矫健，睁目张须，彰显着凌驾云霄、气吞山河的磅礴气势。一幅《老子图》让你啼笑皆非之余，也引人思考宋代佛道之间微妙的关系。一幅幅或工笔或写意，或线条分明，或水墨晕染，在气韵与意境中将人物和动物、山水景色描绘到了极致。

历史的各种真相已经被时光掩埋，正史用犀利、简洁的语言，以宏观广阔的视角记载着各朝代的政治、外交、军事等影响力巨大的事件，但是有些隐晦的历史正史却是很少记载的，可能出于某些考虑，诗词文章都不能给我们留下答案，这个时候留存至今的宋画就起到了比较重要的作用。宋代画家的画作隐藏着社会经济、世俗百态等充满烟火气息的时代密码，我们可以通过一幅幅历史遗留下来的瑰丽画卷，体会穿越千年的风俗气韵。

宋画这个时代的密码，等待着我们去解答。这些留存至今的画作就像古代的“摄影术”，更加直观地将当时的社会场景纤毫毕现地记录下来。从《七夕夜市图》中，我们可以看到宋朝人丰富的夜生活；从《骑驴郊游图》中，可以了解到宋朝人闲适出游时使用的交通工具；从《明妃出塞图》中，可以知悉宋朝不和亲的秘密；从《牧牛图》中，可以观察宋朝幼童发型的样子；从《橙黄橘绿图》里可以“品尝”宋朝品类繁多的水果；从《春山图》里能看到宋朝科学家的浪漫。欣赏古画既是一场精彩绝伦的视觉盛宴，让我们体会千年前画家高超的画技，又可以从中了解史籍中找不到答案的历史真相，使之在画家的笔下揭开隐秘的一角。

所谓历史，也不过是前人的故事，正史的记载冗长繁复、远离人们生活，那些未被记载的故事对于当时的人们来说，似乎不值得记录。但正是这些不值得记录的小事，才让我们穿越千年，更好地了解古人生活的细节，让我们可以和许道宁一起去看渔舟唱晚；可以站在马公显身旁，听药山禅师讲解什么是“道”；看以书法闻名的米友仁怎样“骗画”不成反被群嘲；看猿猴大家易元吉是怎样被狸奴收服的……宋画正是这样一个载体。仔细挖掘，你会发现美丽的物象之下，宋代的画家们描绘的是他们的生活，表达的是他们的情感。这些珍贵的记录，告诉了我们被掩盖的部分历史，让那些写在正史里的只言片语，以另一种形式生动形象地展现在我们面前。

宋画可以呈现两宋历史的蛛丝马迹，也可以弥补历史记载的不足。比如，为什么身为太祖后人的赵令穰，作为皇室成员，其画作却“小家子气”？在宋代是不是只有皇帝才能享受和龙有关的一切？如今拍卖动辄过亿的宋代瓷器的出现竟是因为一位皇帝的完美主义？不被宋代画院看好的牧溪，

画作为什么被日本奉为国宝？宋朝的画家进入画院都要考哪些考题？这些在当时微不足道的事，都在宋代的画作里一一呈现，极大地弥补了后世对宋代生活了解的不足，让人除了了解刻在历史上的大事，也能看见普通人的生活。

《藏在宋画里的两宋史》系列丛书共收录了160幅宋画。宋画追求逼真的视觉效果，要求重写实，工写真，能够极大地还原当时的社会生活。本书语言风格活泼自然、幽默风趣，或以历史故事开头，或以画中的事物展开想象。作者以不同的视角分享宋画里能够观察到的历史，以现代人追求的时尚“直播”形式，或以穿越历史的对话形式，讲述宋画中有趣的历史故事。希望读者能够借着宋画这面镜子，从前人的经历中汲取养分、看清自己，更能站在前人的肩膀上看得更远。

目录

氣

龚开
喜好骨感的“画坛骑士”

《中山出游图》借钟馗讽刺现实的人物长卷

“咚——咚！咚！咚！”巡夜的人四更的梆子刚刚打完，“天寒地冻喽！”悠长的喊声就在空荡的街道上传开，因着夜深人静，

这点微弱的声音都能传到不远处的城外树林。

“嘻嘻嘻，哈哈哈，还天寒地冻，这天也不冷啊！”一个有些尖锐的声音嬉笑着说。

“就你话多，身上就剩骨头了还关心天冷不冷。”另一个声音带着点不耐烦说道。

“这话说的，我这不是死的时间短，还没改过来嘛！”

“那倒也是，现在跟着大人，咱们好歹还有件衣服呢！”

“你们小点声，挑着罐子走路都挡不住你们闲聊。”一个戴着帽子，穿着豹皮短裤，肩上一根木棍挑着两个大包裹，黑漆漆的身影说道，“要是不觉得累，我把包裹分你们一个。”说着转过身来，露出了身形，赫然一个浑身骨头都透着黑色的鬼。

“谁肯替你拿，我这还拎着一个小鬼呢！做鬼了还这般偷懒，当心我告诉大人吃了你。”先前那个尖锐的声音说道。也是个戴着

黑帽子的鬼卒，身上的骨头则是偏白色的。两个鬼卒的对话也不知是有多滑稽，队伍的最后两只小鬼被逗得咯咯直笑，在鬼卒用杆子挑着的罐子里笑得直打颤，丝毫没有意识到，自己是被当作储备粮搬运着的。原来这一行十数人，竟都不是活人，是钟馗钟大人带着妹妹夜间出游呢。

“后面吵吵嚷嚷的在笑什么？”钟馗威严的声音在队伍的前面传来。他穿着长袍、头戴软脚幞头，双手正交叉放于袖中，圆眼大睁、满脸的络腮胡须，坐在两个鬼卒抬着的肩舆之中，声音虽然威严却并不觉恼怒。

“哥哥，小鬼们难得出一次门，可能是看见了什么有趣的东西吧。”后面同样坐在肩舆上的女人说道。那是一个梳着发髻，细眉圆眼，脸颊用墨当胭脂涂满到颈部的女子，说完示意自己的婢女看一下发生了什么，一会儿好来报告给哥哥。

身后同样画着“墨妆”的侍女，听见了大人的吩咐，却并没有往后走，只是抱紧了怀中的小猫，回头向着吵闹的一众鬼卒看去。离她最近的白帽女鬼瞪大了眼睛看着她，身后跟着的鬼卒们不管是扛着席卷、酒坛，还是挑着书担和小鬼的，都是霎时一静。直到看出大人们并没有责怪的意思，才放松了一些，跟着继续赶路了。

《中山出游图》可以说是龚开的代表作之一，也是他被称为“怪怪奇奇，自成一家”的原因之一。有人说龚开不画人画鬼，其实是用钟馗来宣泄对当时社会的厌恶和深深的无奈。借钟馗这个驱邪除害的正义形象创作出具有讽刺意义的人物长卷。你看，文人的愤怒就是这样，可能不会伤害你的身体，但足以让千百年后的你被拖出来反复探讨。

《中山出游图》纵 32.8 厘米，横 169.5 厘米，卷中的人物有钟馗、小妹、侍女、鬼卒等共二十二鬼，其中有用墨线表现的小鬼七个。从性别上来说，含小妹在内有六个女鬼，都是身着褙子，脚上有鞋。其余男鬼上身裸露，下身仅着犊鼻裈或穿虎皮、豹皮短裤或是围裙，除钟馗外其余男鬼都打着赤脚。鬼卒中有六名头上戴着帽子，四个白色两个深色。鬼卒中还有一名看着比较特别，身为白色，紧紧趴在另一鬼卒的肩上，身后似有狐狸尾巴，疑为九尾狐。待烹的小鬼里，有各种各样的捆绑姿态，或被挑着，或被倒悬抓着，钟馗身前还有一个鬼卒是用没骨法渲染，头上戴着帽子，身体矮胖。可以说是各鬼有各鬼的形态了。

龚开笔下的众鬼虽然有“鬼态”，但是却并不恐怖，这幅画的场景是钟馗携妹出游，带着大包小裹的鬼卒们跟随伺候着，整个行进队伍错落有致。不管是钟馗的威严，还是后面形态各异、有着生活表情的小鬼们，都使画面充满了生活化的气息，大大减弱了鬼怪给人的恐怖感。而龚开也是一个细节狂魔，同样是两个鬼卒抬肩舆，抬钟馗的两个鬼卒，从身上的瘦骨到面部表情都在用力，而抬着小妹的两个女鬼卒则是一脸轻松，有一个甚至只用一只手扶着。不得不让人感叹，体重这个话题做鬼也逃避不了啊！而小妹侍女怀里抱着的猫不禁让人想起，龚开真的是把宋朝人对猫的喜爱表现得淋漓尽致，画鬼也必须得有狸奴的一席之地。

钟馗的传说见之于宋朝著名科学家沈括的《梦溪笔谈·补笔谈》，说唐明皇身患重病，梦中总有小鬼出现，遍寻名医而无法治愈。有一天在梦里见到钟馗从天而降抓住小鬼，梦醒后病就好了。于是唐明皇就找来吴道子，让他照着梦里的景象画了一幅《钟馗捉鬼图》。此后，钟馗就成了名扬天下的捉鬼大神。

因为钟馗的捉鬼形象过于深入人心，到了宋朝一般只出现在特定的时间，比如除夕。宋朝人过春节，都要在门上画或者粘贴钟馗像，以驱鬼辟邪。沈括《梦溪笔谈 · 杂志一》上说："岁首画钟馗于门。"而《东京梦华录》中就有关于除夕前宋朝的礼俗记载："近岁节，市井皆印卖门神、钟馗、桃板、桃符及财门钝驴，回头鹿马，天行帖子。"钟馗的画像可能就像北方除夕夜的饺子一样，一定要出现，这个除夕才算完整。在宋神宗时，更是命令画工摹拓钟馗像，雕版印刷，精心裱装后，在除夕那天赐给中书省和枢密院中的官员。在除夕夜里，宋神宗还会派人"就东、西府给赐钟馗之像"。那时候，宋朝的印刷术已经有了很大的提高，宫廷除夕赐给大臣们的钟馗像，已经采取镌版印刷的方式了。

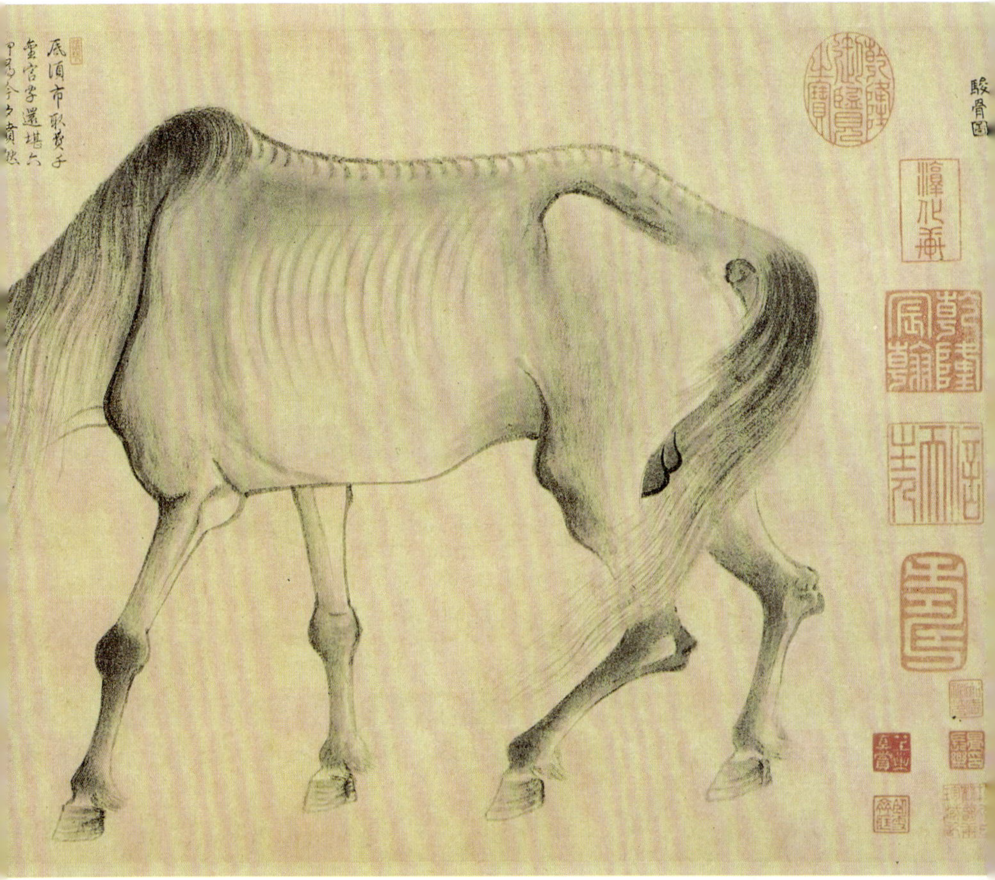

《骏骨图》作者夫子自道的典型瘦马

如果说牛被宋朝人喜爱，是因为在农耕上的助力，那宋朝人爱马，可能就是爱它的矫健、俊烈，以及好马难得。善于画马的画家很多，有被苏东坡“龙眠胸中有千驷，不独画肉兼画骨”赞叹不已的李公麟，还有金代赵霖的《昭陵六骏图》、杨微的《二骏图》等，也都是古代的传世佳作。大多数的马都在畅快地奔跑，或是悠闲地甩尾吃草，而龚开用一匹瘦骨嶙峋的老马，在一众健硕的马中脱颖而出。

龚开笔下这匹老马，瘦骨嶙峋，身上的骨头都清晰可见，低着头伸着脖子。最引人注意的是瘦马的眼神凛然，表现出一副不屈之态。身上的鬃毛和尾巴都在随风飘动，四条腿上皮肉紧贴在骨头上，后腿微曲，整幅画都给人以秋风萧瑟、不胜寒冷之感。不禁让人想起马致远的《天净沙 · 秋思》："枯藤老树昏鸦，小桥流水人家，古道西风瘦马。夕阳西下，断肠人在天涯。"马致远比龚开小了 20 多岁，一生都是郁郁不得志，漂泊无依，这首《天净沙 · 秋思》与《骏骨图》给人的苍凉悲壮之感，有着神奇的相似之处。虽然二人境遇不同，悲凉的原因不同，但是在某个时刻的感受竟然如此相似，跨过了多年的时光，遥相呼应着。

这幅画的右上角写着"骏骨图"三字，左下角有署款"龚开画"。画后有自跋说："经言马肋贵细而多，凡马仅十许肋，过此即骏足。惟千里马多至十有五肋。假令肉中画骨，渠能使十五肋现于外。现于外，非瘦不可，因成此相，以表千里之异，尪劣非所讳也。淮阴龚开水木孤清书。"此画自跋中又有诗云："一从云雾降天关，空尽先朝十二闲。今日有谁怜骏骨，夕阳沙岸影如山。"这里面的"十二闲"是指皇家的马厩，那时候皇家马厩的马匹大多神骏非常，而

“降天关”是说这匹马曾经立过战功。这都是曾经的辉煌了，现在这匹战马已经没有人关心、在乎，到了穷途末路，再没有了用武之地。只能在夕阳余晖的映衬下，在江河流淌出的沙岸边，孤独地站立着。陪伴它的只有余晖里的影子。

即使在这样的境遇里，在外界已经放弃了自己的时候，这匹马没有被所遭遇的不公打倒，它的眼神仍旧坚定；站立的姿态仍旧稳健、孤傲；瘦得凸出的骨头也在彰显着它不屈的风骨。它瘦弱的是外表，强大的是气节，是它老骥伏枥，志在千里的自我期许，令人望而生畏，肃然起敬。这幅画与其说是在画马，不如说是龚开的自画像。曾经的宋朝就如同夕阳，缓慢却不可逆地衰落，历史的车轮前进了，新的王朝已经出现，龚开却像这匹固执的马一样，宁愿饿到骨瘦如柴，也不愿意妥协开始新的生活。

龚开出生时，宋朝已经战败南迁，在临安建都 95 年了。龚开的故乡淮阴（今属江苏），在南宋和金、元对峙时期成为前线，长期遭受兵火的荼毒。长期的战乱导致境内一片凄凉，黄河带来的频繁水灾，对于淮阴的百姓来说更是雪上加霜，生活困顿不已。在长期的抗金斗争中，还曾出现过梁红玉这样的巾帼英雄。龚开自幼受到这种环境的熏染，对金军很是反感、抵触。他在年轻的时候与陆秀夫一起做过广陵知州的幕僚，在宋理宗赵昀时还曾出任两淮制置司监，主要掌管茶盐酒税、场务征输和冶铸的事务。但是随着金军的入侵，南宋的灭亡就像大厦将倾一样，不可挽回。在之后的金军伐灭南宋的过程中，龚开不顾自己已经到了天命之年，仍坚持在闽、浙一带参加抗击活动。

在宋朝被灭后，他为了记录文天祥的事迹，写了《宋文丞相传》。他还写了《宋陆君实传》《辑陆君实挽诗序》，里面记载有关好友陆秀夫的事迹，还有陆秀夫死后友人的挽诗，满满都是对抗元英雄人物的景仰。

时事造就英雄，也会像岔路一样给人选择的机会，有像龚开这样坚定信念的人，就有见风使舵、顺“势”而为的人，有个叫蒲寿庚的也算是个中翘楚了。当时元军已经攻陷襄阳，南宋灭亡就在顷刻之间。蒲寿庚当时掌握着泉州军队的兵权，他的态度对南宋的生死存亡至关重要，朝廷下诏封蒲寿庚为“福建广东招抚使，总海舶”，希望能用蒲寿庚手中的军队和海上力量，帮助宋朝抗元。谁知蒲寿庚早在暗中接受了元朝的招降，并派出军队，在瑞安（今浙江东南部沿海、飞云江下游）之战中和元军联手打败了宋军。当时泉州设有南外宗正司——一处宋朝宗室的聚集地。在知道蒲寿庚叛变后，城中宗室、士大夫等就筹划想要迎接宋军入城，蒲寿庚知悉后，就丧心病狂地发动了泉州大屠杀，把城中宗室、士大夫、忠于宋朝的官兵，还有很多无辜百姓等数万人全部残忍虐杀。杀光了人还不算，还趁机把他们的土地房屋等财物据为己有。

这种天怒人怨、人厌鬼弃的事情做下之后，以蒲寿庚为首的蒲氏家族风光一时，最后却落得被挖棺戮尸的下场。宋朝灭亡后，坚持不仕、洁身自好的龚开，生活却变得极端困顿，只能靠卖画为生。有时甚至“立则沮洳，坐无几席”，而不得不让自己的儿子“俯伏榻上，就其背按纸”。他的画“一持出，人辄以数十金易之，藉是故不饥，然竟以无所求而死”。当时的人不仅敬佩他高超的画艺，更敬佩他“志节既峻”。王鏊称赞他“尚节气”；杨载说他“大节固多奇”。只能说对于美好的向往是人的本能，对美好品格也是如此，能做到龚开这样的人可能不会特别多，但是，善良的人们都会对有这样品格的人保持敬意。

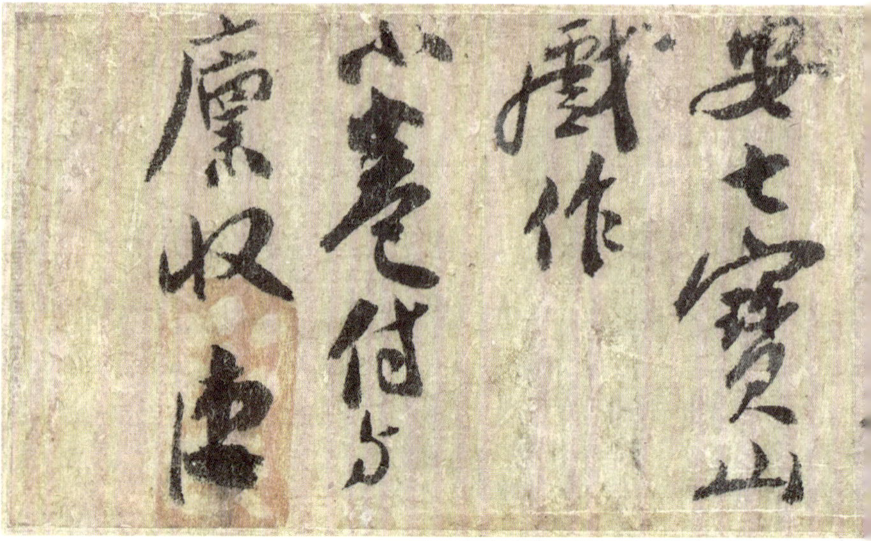

米友仁
备受嘲笑的书画天才

《远岫晴云图》流传千载的宋代“墨戏”

廪启，早来略喜！

上元节将至，许是因为这个团圆的节日，竟然让我突生出许多感慨。遥想几年前，女真的军队跨过长江侵入江南，兵荒马乱的时刻，我不得不带着家人从润州搬到了金坛，一路奔波辛苦不说，又见民不聊生，心里很是难过。国贵民重，国弱则民轻啊！我们这样

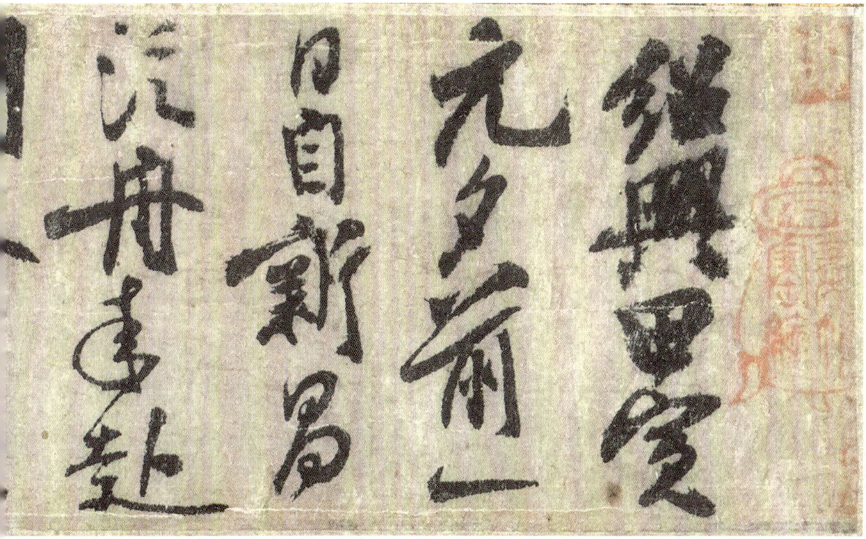

的人还能带着家人搬去新的地方生活，可那些贫苦百姓呢？他们在战争中流离失所，失去的不仅仅是家园薄田，还有可能是性命啊！

本以为在金坛可以安稳生活一段时间，谁知道天下动荡之后，匪盗也跟着猖狂起来，为了不再生活在担惊受怕的日子里，我不得不再次搬家到了新昌。幸亏有家族好友收留，才使得我与家人有了容身之所。这一路的辛苦，我想你是能理解的。

没想到我已经到了这样的年纪，还要频繁出入临安，应对繁琐的公务，不禁让我想起，少时的生活是多么安逸。幼年时，你我二人因为父亲的关系成为朋友，一起经历了无忧无虑的时光，在没有经历波折时，原本也没有觉得那时候的生活有多么幸福。自从躲避兵祸、匪盗之后，我才开始怀念我们曾经平静的生活。想到我 19 岁就因为《楚山清晓图》得到过先皇的赏赐，现在却为了生计，不得不奔波劳碌，不禁悲从中来。

这次的见面，对于我们来说都是难能可贵的，在朝参前能见你一面，心中倍觉欢喜。但是这次希望你不要再提及我模仿古人画品的事情了。之前在涟水时，我在另一个朋友那儿见到了一幅《松牛图》，画得甚是精妙，于是我就央求他借我描摹。之后还回去的自然是我描摹的那幅，原本他也是没看出区别的，谁想到过了几天他就来找我了，非要我把原来的画还给他，刚开始他还不愿意告诉我，为什么突然发现了，后来我威胁他，如果不说就不给他，他才告诉我说："原本的《松牛图》，牛的眼睛里面有牧童的影子，而你还给我的这一幅却没有。"哎，还是我描摹的技艺不到家，这次被发现让我懊悔了很久，也更加大了我好好研习技艺的决心。

我知道你知悉这件事后，不仅要嘲笑我，还要批评我的。我也是技痒难耐，知道这样做不好，已经尽量在改了。唉，我这把年纪，似乎也只有与你才能这般说说话了，家国动荡，我们能做的事情似乎都非常有限，每每思及此，心中的苦闷都越发严重了。还好，我的心情还能有你可以理解，再过几日我们就有机会可以见面，可以再次把酒言欢。在这动荡的乱世，也不知我们再次相见的机会能有多少，且见且珍惜吧……

“老爷，你醒醒，马上到七宝山了。”

“咳，知道了，你下去吧。老了老了，还喜欢做梦了。”

“老爷一点都不老，48 岁哪算老啊。”

“就你话多。”

马上就要见面了，睡前写的信就不用给贺稟了，他上次跟自己说了很久想要一幅画，还是给他一幅画吧，让他也高兴一下。虽然人们都说我做官后总是不近人情，画作就算是亲朋好友也无缘得到，甚至被众人说是：“解作无根树，能描蒙鸿云；如今供御也，不肯予闲人。”但是贺稟也不算是“闲人”。

《远岫晴云图》是宋代画家米友仁的画作，画的布局里有一条小溪，水流潺潺地从山谷一侧斜向流出，把画面左方的树林和其余的风景分隔开了。河川中央有几道不规则的石块堆砌而成的块状曲面，与远山的视野连接成一片深入式的开阔空间。河川上有用圆转笔法勾写的卷云横于其间，与山岚间的缥缈烟雾连成一气。这一路风景行进的角度，像极了米友仁从新昌的家里到临安赴任的旅途体验。笔法成熟，含蓄而不张扬，湿润的笔墨点染云山树石，有勾皴、带染，却不求细节的相似，都彰显出“米氏山水”的特色。这幅画更倾向于艺术情绪的宣泄，而没有遵循宋代流行的画风，所以被称为“墨戏”。

画上有题签“宋米元晖云山真迹，衡阳曾氏宝藏，茶陵谭泽闿敬题”；图上款署“元晖戏作”，钤有多款收藏印。米友仁自题“绍兴甲寅，元夕前一日，自新昌泛舟，来赴朝参，居临安七宝山，戏作小卷付与禀收。虎”。并钤有二印，图轴上还有谢淞洲、郭颐、郭琦数跋。

米友仁，字元晖，小名寅哥、鳌儿，又因为出生在虎年，“虎”也是他的小名之一。至于“禀”大概率说的就是贺禀，贺铸的儿子。

米友仁的父亲米芾和贺铸是至交，他们各自的儿子，米友仁和贺禀在家学渊源之下，也是很要好的朋友。宋朝刚刚经历了女真入侵，几乎遭遇亡国之痛，南渡之初，对于任何人来讲，都是一段艰苦且动荡不安的日子。米友仁与贺禀在经历共患难考验之后，友情也变得越发珍贵了。所以一向吝啬自己笔墨的米友仁，大笔一挥，给贺禀画了这样一幅“元晖戏作”。

元照戲作

文同
宋代的“墨竹大师”

《墨竹图》与胸有成竹的文与可

天阴沉沉的，浓厚的乌云低垂着，时不时有白色的闪电在云中穿梭。林间的鸟雀似乎都意识到了暴风雨的即将来袭，平日里喧嚣的竹林，今天显得格外的静谧，只剩下风吹竹叶凌乱的沙沙声。一阵凌乱的脚步声却远远地传了过来……

“文大人，文大人，天要下雨了，你这个时候进山干什么呀？”

“我知道要下雨了，我就是想去看看竹子。”

“竹子，你家周围不是有很多吗？在家看呗。”

“家里没有这个品种，有的都是小竹子，没长到这么大。”

“大小不都是竹子吗？”

“哎呀，别说了，雨都下来了，你先回家吧，我一会儿雨停就回去。”

“哎，那我回了，大人你小心点！”

天像是缺了一角一样，暴雨倾盆般地倒了下来，狂风伴着雨势，打得人都睁不开眼睛。那人口中的文大人，一只手撩着袍襟，一只手抓着被风吹得东倒西歪的草帽，连跑带爬地跑向了那片生长了多年的竹林。

站到竹林前，他的衣服已经被雨淋得湿透了，他连脸上的雨水都顾不得擦，站在那看着被风吹着、被雨淋着的竹子飘来摇去。专心致志地看了一会儿，又忍不住伸手去摸竹节、竹叶，直到风雨渐停，他看着竹子在风雨中弯下的腰，又一点一点地直立起来，忍不住扶着这棵竹子，若有所思的脸上露出了一抹微笑……

在中国的古典文化中，很多植物都有独特的含义：菊花原有清静高雅的含义，但从陶渊明“独爱菊”之后，人们就习惯用菊花象征隐士；桃子象征长寿，很多寿星公的画上也总能见到桃子的身影；莲花意味着高洁，人们赞颂它出淤泥而不染的品质，佛教对莲花就有着别样的喜爱，传说中观音菩萨坐的就是莲花台；而竹子虽然没有绚烂的花朵，却用自身魅力征服了很多文人。上面冒雨也要去看竹子的文同，可以说是“爱竹人士”中的翘楚了。

“宁可食无肉，不可居无竹”，可见古人对竹子的重视与喜爱。人们喜爱竹子的四季常青，喜欢它展现出的旺盛生命力；它一节一节地生长着，这简直是自身气节的代表；中间虽然空空，却可以装酒、做竹筒饭，这也是它谦虚能“容纳”其他万物的特征。单棵竹子感觉很羸弱，但是只要给这棵竹子一点时间，它就能长出一片竹林……这些林林总总加起来，竹子自然成为了表现文人自身风骨的植物，在画作中也有所体现。

在很多画家的笔下，竹子都是根根直立，竹节分明的样子，但是在文同的笔下，竹子有着天然的姿态，也有着弯曲的弧度。相传文同特别喜欢竹子，曾作诗赞美竹：“心虚异众草，节劲逾凡木。”他还给自己的住舍命名为“墨君堂”，在四周广栽各种各样的竹子，日日朝夕相对。不管是春夏秋冬，还是阴晴雨雪，他都经常去竹林观察竹子的各种情况，认真地琢磨竹枝的长短粗细，叶子的形态、颜色，不同季节不同天气，竹子都有不同的生长变化，文同观察到之后，就去研好墨、铺好纸，把这些变化画在纸上。

这样日积月累下来，竹子在不同天气、不同季节、不同时辰的形象都清楚地印在了文同的心中。大文豪苏东坡与文同是表兄弟，在他的文章《文与可画筼筜谷偃竹记》里说“画竹必先得成竹于胸中”，指的就是文同对竹子的了解是他画竹的基础；“苏门四学士”之一的晁补之也称赞文同这种注重观察的行为，“与可画竹时，胸中有成竹”。

《墨竹图》是一幅绢本墨笔画，现收藏于台北故宫博物院。整幅画以倒垂的茂密竹枝为主体，整体呈现倒“S”形构图，这种构图方法有着很强的空间感，被称为“俯而仰”，是“纡竹”。竹枝虬曲，先向下后又微微“抬头”，也暗示了竹子无穷无尽的生命力。竹子只占画面的一部分，与大量的留白形成了虚实、明暗的对比，给人留下了更多的想象空间。竹干和竹叶从左上方垂下，竹枝墨色偏淡，竹叶在墨色处理上有着更丰富的层次。文同用笔撇出竹叶，以浓墨描绘竹叶的正面，以淡墨表现竹叶的背面，与米芾所记“以墨深为面淡为背，自与可始”相吻合，而且撇叶锋长而不露锋芒，叶尾的布白，融合了书法的手法，使画面更加意趣无穷。文同的竹子开创了“湖州竹派”，在宋朝和后代都产生了很大的影响。

这种低垂却有傲骨，有着自身气节的竹子，其实是文同自身的写照。当时的北宋社会矛盾尖锐，民众起义不断。尤其是在宋神宗继位后，国库空虚，财政困难，同时西夏、大辽侵扰不断，宋朝疆域在一点点地被蚕食着，不仅经济的发展有止步不前的趋势，独立政权的存在也岌岌可危。为了摆脱这种积贫积弱的情况，更好地实现“富国强兵”，王安石进行了变法。

当时的文人普遍分为三种：一种积极派，支持王安石的变法行动；一种反对派，认为变法误国误民；还有一种就是回避党派，不适应变法，也不知道如何做比较好。文同就属回避党派，在没有办法的情况下，只能追求自由的田园之乐。当时文同年纪已经很大了，疾病缠身加上仕途失意，心情郁闷的时候就常常画纡竹，也就是《墨竹图》里那种弯曲的竹子，他自嘲是“为垂岩所轧”“屈己以自保，生意愈艰”，但文人的风骨和对家国的担忧又让他忍不住挣扎向上。文同去世后，苏轼在《跋与可纡竹》一文中说：“想见亡友之风节，其不屈不挠者盖如此云。”

晁补之
一生坎坷的诗画全才

《老子骑牛图》的背后是宋朝欺上不瞒下的“牛肉税”

“快来人。”

“大人有何吩咐？”

“我夜观天象，一团紫气自东方而来，怕是有大德之人经过，你们快去焚香洒扫，我换身衣裳，去关口看看。”

“是。”

尹喜吩咐完下人快去干活，自己也手脚麻利地换好衣服，亲自去了城门口。随着太阳一点点西移，尹喜的心里也越发着急，就在他以为今天不会遇到，打算回家之时，一阵不紧不慢的“哒哒”声传了过来。

只见一头青牛悠闲地甩着尾巴，背上乘坐着一位形貌脱俗之人，那人也不赶牛，似乎牛是随便走走，他就是随意坐着。尹喜一见就觉得这是自己要等之人，连忙走到近前，自我介绍是这里的函谷关关尹，邀请乘牛之人去自己家里稍坐歇息。

那人也没有拒绝，之后的交谈中，尹喜得知此人就是大名鼎鼎的李耳，更是待之愈加恭敬，到了家中更是对李耳行弟子之礼，再三邀请李耳留下，但是都被拒绝了，最后尹喜只得说："知道您周游之后就要隐居，请为我们留下一本书吧。"李耳被缠得没有办法，挥笔而成《老子五千言》，此书分上下两篇，阐述了李耳关于"道"的内容，就是后世流传的《道德经》。

写完《老子五千言》，李耳就骑牛继续西行了，而尹喜则用最快的速度称病辞官，追随李耳的脚步，经关中、越秦岭、沿渭水前行，一路上受尽千辛万苦，最后到了他的故乡秦州伯阳，之后更是潜心研究李耳的著述，并将之发扬光大。

晁补之的这幅《老子骑牛图》画的就是老子骑青牛西行留下《道德经》的故事，现在收藏于台北故宫博物院。整幅画多用粗笔水墨，画中的老子宽额高耸。两道浓黑的月牙长眉下，有着一双炯炯有神的笑眼，好像正专注地看着你。嘴唇被浓密的胡须遮住。身上穿着右衽布衣，腰上有博带，悠闲地坐在青牛之上，几分洒脱，几分端庄。坐骑青牛趴蹄回顾，双眼圆睁，形象生动。画的左上侧有枯杈一枝，几缕藤蔓缠绕；右侧有零星野草，简繁有致，层次分明。树干从左侧向右上方斜伸，树叶用侧笔半扫半拖，兼具泼墨与飞白的趣味。在牛眼、牛背与小草的描绘上都与主题相应，得一“老”字。

晁补之是宋朝有名的才子，早年就很得苏东坡的赏识，是“苏门四学士”之一。相比较绘画，他的诗词更为著名，但是他的文章成就又高于诗，苏东坡称赞他：“于文无所不能，博辩俊伟，绝人远甚。”他的词的风格与苏东坡相近，但普遍认为缺少了苏东坡词的旷达。这与他的经历不无关系，只能说，一个晚年喜欢陶渊明，自号归来子，有着浓厚的归隐思想，用《老子骑牛图》表现自己向往悠闲无拘束的人，可能诗词中确实会缺少那么一点旷达。

老子作为道家的始祖，以他为内容传于世的画作不在少数，画上的老子自然也是形象各异，但是关于老子西行所乘坐的是一头青牛，这件事似乎是没有什么争议的。在古代，马属于重要的战略物资，一个辞官西行的人似乎不能乘坐一匹马，马的形象也不太适合老子的清静无为，而牛的形象从古至今，一直都是敦厚、诚恳，沉默寡言却安全感十足，无论是后人的想象还是当时的情况所限，老子骑牛似乎更能体现道家的思想，也许这就是古代版的“物似主人型”吧。

牛在古代除了是忠厚稳健的象征外，还是轻易不得宰杀的“保护动物”，像《水浒传》中动不动就让店小二上二斤牛肉的场景，基本上是不太会光明正大地出现的。毕竟从西周开始就明文规定“诸侯无故不杀牛”。除了牛自然生老病死和大型庆典祭祀活动之外，任何人不允许私自杀牛。到了宋朝，也有明文规定，严禁屠宰耕牛。北宋初年《宋刑统》就规定了，“诸故杀官私牛者，徒一年半”，到了南宋刑罚更重，“诸故杀官私马、牛，徒三年”，这里说的是宰杀自己家的耕牛。如果是偷盗然后宰杀了别人家的耕牛，判处：“决脊杖二十，随处配役一年放。”

在宋朝，如果牛确实是生病或者老了不能干活，要杀也不能私自动手，必须先向官府报告，说明缘由之后等官府的统一安排，官府会派遣专门的人去杀牛。而为了避免假借耕牛生病进行宰杀，官府还规定了，牛生病死亡之后不能随意解剖，必须先上报官府，在得到许可之后，才可以“开剥病牛”。

传说包拯就破获过一起跟牛相关的案件，有农人说自己家的牛的舌头被割了，包拯告诉他，回家把牛杀了卖肉，农人说那不是犯法了吗？包拯表示，尽管杀，官府同意了不算犯法。等到农人卖牛肉时，乡里一个流氓来包拯这儿举报农人私自杀牛，包拯嘿嘿一笑：“何为割牛舌而又告之？”

宋朝最“在乎”牛的皇帝，还要说是宋真宗，他曾经下过一道圣旨：严禁屠杀耕牛和食用牛肉。而且这个圣旨还不光是管制平民百姓，他自己带头不吃牛肉，当时的御膳房曾有记载：每年要消耗四千斤猪肉，四十三万斤羊肉，却没有一斤牛肉，可以说是以身作则的典范了。

真宗的旨意原本是为了保护耕牛，发展农业，但是很多地方还是屡禁不止，在洛阳、开封一带牛肉摊子“猖狂”时随处可见，甚至出现了“一乡皆食牛”的壮观景象。难道宋朝百姓已经到了为了口腹之欲，罔顾朝廷律法的程度了吗？其实是因为虽然有禁令在，但是宋朝还有一个叫作“牛肉税”的税目，只要买卖双方缴纳一定数额的“牛肉税”，地方政府就会对这种现象睁一只眼闭一只眼，朝廷禁令毫无威慑力。

可怜的宋朝耕牛，顶着保护政策还是进入众人之口，直到宋仁宗时期，有个叫张周物的官员上奏折，意思是朝廷禁止屠杀耕牛，下面却收着“牛肉税”，这样朝廷律法的尊严何在？宋仁宗一想，倒也有理，就下令取消了“牛肉税”，之后杀牛吃肉的现象才有所好转。如果宋朝的耕牛有灵，大概会给这位张大人送上一面锦旗，写着：感谢大人仗义执言，救我牛命。

赵令穰
北宋小景山水画家

《湖庄清夏图》太祖后人，画作为何“小家子气”

暮色四合，村庄的房屋都被笼罩上一层淡淡的薄雾，在雾气蒸腾里平添了一抹祥和之意。村庄外的湖里似乎有着什么有趣的东

西，引得路旁一棵树都跟着歪了头，被路人一步一步踩出来的小路弯弯曲曲地通向树林的深处，整条小径都呈淡色，似乎踩这条路出来的人，脚下也有着别样的小心。两只小鸟停留在树枝上，一左一右泾渭分明地站着，似乎正要为一条虫子的归属吵上一架；树后还躲着两只野鸭，离着野鸭不远处还有鸭群，有的正在戏水玩闹，还有的在低头觅食，另外几只似乎被树上小鸟的争吵吸引，不住地想要围观这一场热闹；湖边两只鹭鸶也被鸭群的热闹吸引了视线；塘中荷叶田田，不知道有没有顽皮的鱼儿躲在下面；不远的地方还有三棵大树，树间还有数只展翅远飞的凫鸟……

这幅《湖庄清夏图》是北宋画家赵令穰创作的一幅长卷绢本设色画，纵 19.1 厘米，横 161.3 厘米，现收藏于美国波士顿美术馆。赵令穰，字大年，是宋太祖赵匡胤的五世孙。这幅《湖庄清夏图》在技法上善用湿笔，用笔清润，柳枝、树叶均用笔点描绘而成，同时又深浅相间，富有光彩感。坡石多以没骨为法，以水墨表现烟云。用笔质朴，墨色融和，形成自然、朴实的格调。用“雾气”来显示幽静而不僻远，水鸟等栩栩如生的动物的存在，更加彰显了整幅画的勃勃生机。在构图上也有着自己的特色，斜贯画幅的江水、斜向分布的树木，都构成了斜角线的构图，更好地加强了远近的空间深度，

使得自然山水由全景式向特写式转变。赵大年这一构图方式在北宋末逐渐普及，最后成为南宋马夏一派半边山水的引领者。

这样充满野趣、乡韵的村庄，你我似乎都曾见过，只是画面感没有这么强。但就是这样平凡的乡间野趣对于赵大年来说，也是十分新奇的。毕竟他难得有机会见识到这种远离宫廷、朝堂的景色。作为宋太祖赵匡胤的五世孙，可以说是含着金汤匙出生的宗室了，而且他与后来的宋徽宗赵佶的关系也很好，在赵佶还是端王时，两人就经常一起郊游，一起切磋画艺。

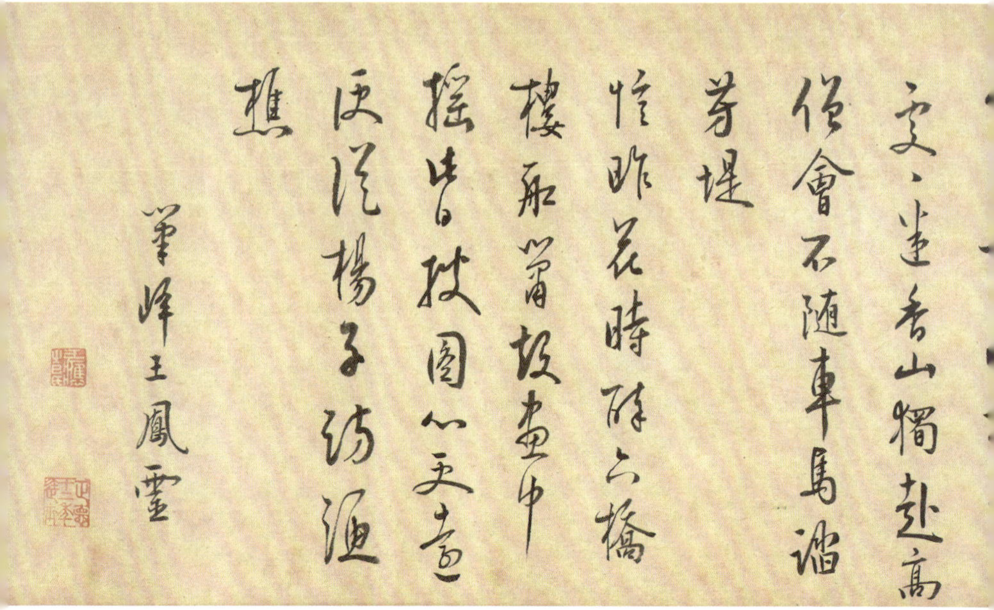

也许赵佶不是一个好皇帝，但他的艺术成就还是很高的，所以能和赵佶玩到一起，足以说明赵大年也是有着真才实学的。但身为赵宋宗室，也有宗室的烦恼。对于赵大年来说，衣食虽无忧，但江山无限好，只能书里找。

那时候的宋朝，对于宗室的限制还是比较严格的，没有特殊的情况，不能随意远游，一般最远就是两京（开封、洛阳）郊外了。赵大年每次画完画，都有人用“此必朝陵一番回矣”这句话嘲笑他。皆因他不能出京，所见不出五百里。画的内容自然也在这五百里范围之内。直到现在，很多时候评价赵大年的画作，这句有着嘲笑意

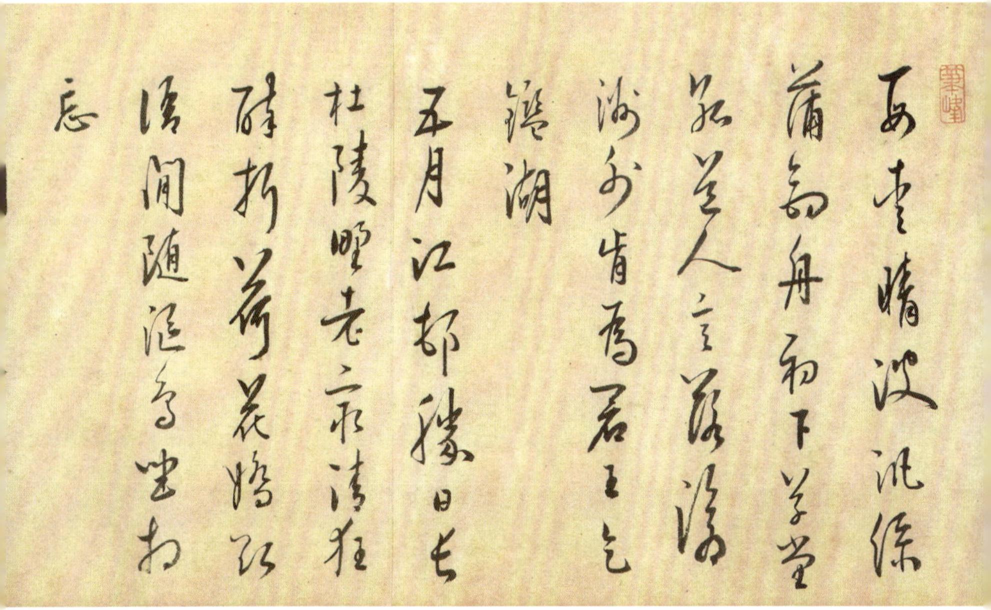

味的话也会被提及。不得不说，酸葡萄这种心理，无论古今，都有着自己独特的市场。

赵大年也许会因为不能遍览名山大川而有所遗憾，但他身为宗室，家境优渥，生活富裕，虽然不能行万里路，但他的地位决定了他可以读万卷书。赵大年在很小的时候就开始阅读杜甫的诗，幼时就表现出对书画的喜爱，他成年后，官至光州防御使，但这也就是个虚职，不需要他去实际处理什么公务，也不用担心自己像某些皇帝那样，因为沉迷于艺术而国破家亡。他收集了很多晋宋以来的书法、名画，仔细钻研前人的书画精髓，还有大量的时间来研究自己的书画创作。也许是学习生活条件的优越加上从小受到艺术的熏陶，对艺术有着强烈的热爱，最终成就了赵大年，也成就了小景山水。

赵大年所绘的画，被称为“小景山水”，与之对应的是“全景式山水”，后者一般都是描绘崇山峻岭，对大山有着整体的把握，用近景远景逐一描绘，体现的是崇高峻伟之感，而小景山水一般来说是寄情于江南景物的片段，对细节的要求更高，以小见大。

北宋初期，翰林院画家多来自西蜀、南唐，题材多为花鸟虫鱼，趣味是富贵、严谨，山水画并非主流；等到了北宋中期，在长期的“重文”政策下，文人地位提高，宫廷文人们开始借山水画抒怀，喜好诗意、淡远；到了北宋中后期，宫廷的审美趣味再次发生改变，在借山水抒怀的基础上，去除了富贵，而严谨却保留了下来。以赵大年为宗室代表的绘画，一方面受当时文人的影响；另一方面受宫廷文人山水画风格的影响，虽然整体是山水抒怀，但是在细节上，如花鸟的描绘，还是要严谨准确的。

无法远游，可能也就不那么重要了，虽然这对赵大年的艺术发展肯定有所影响，但对于艺术家来说，实地体会固然重要，但是有没有独到的见解、发现才是最重要的。刚好，在山水小景画这方面，赵大年是有天分的人，而那些嘲讽他的人，也不知道有没有什么值得被历史记住的东西。哦，也可以算是有！毕竟嘲讽的这句话，因为说的是赵大年，所以被人们记住了！

《橙黄橘绿图》折射出的宋朝人的水果自由

人人都说江南好风光，江南的一时四季透着水乡的温柔缱绻，欢迎着你来，舍不得你走。而入了秋的江南更是如此，夏日炎热的暑气已经消尽，曾经接天莲叶无穷碧的荷塘已经褪去了红装，枯萎衰败的茎叶再也撑不起朵朵绿伞，再也不复绿荷红菡萏；原来傲然挺立枝头怒放的菊花也凋落了嫩蕊，虽然蒂有余香却也枝叶不全。虽然夏日的风情尽退，风景在远离，但对于自然来说，只不过是退去夏的热烈，迎来秋的温柔，秋季的江南正是一年中风光成熟却清爽宜人的季节。

潺潺的溪流似乎也知道到了最好的时候，水流声都透着轻快和欢乐，轻巧曲折地划过了雾色苍茫的田野。岸边种着大片大片的橘树，郁郁葱葱的长势正好。沉甸甸的橘子点缀在还泛着绿意的树间，看着就让人心生满足和喜悦，像是树梢的点点繁星。深吸一口气，似乎空气里都充斥着带了微酸的甜，被这甘甜吸引住的还有三三两两的水鸟，它们在树林间自由自在地飞翔，好像在选择要对哪个幸运的小橘子下口。这样清丽雅致的幽静景致，不正是苏东坡笔下“一年好景君须记，最是橙黄橘绿时”的诗情吗？

赵令穰的《橙黄橘绿图》纵 24.2 厘米，横 24.9 厘米，册页扇面，绢本设色，收藏于台北故宫博物院。用小景的形式向我们展示了这样一片江南橘林的风光。虽然苏东坡时不时会戏谑地说赵令穰："此必朝陵（朝拜皇陵）一番回矣！" 但这幅小景画上却题了苏东坡的《赠刘景文》全诗："荷尽已无擎雨盖，菊残犹有傲霜枝。一年好景君须记，最是橙黄橘绿时。" 虽然有人说这幅画直接用色点叶、画橘，笔线不够精准，但是画中透着含蓄柔美。画中没有哗众取宠的炫技，只是在和人分享自己见到的美景，赋色淡雅，充满情趣，可以说是悠然神往，诗画结合的典范了。

画中枝头满坠的橘子，自古就被中国人喜爱。对橘之爱自屈原而起，在《楚辞 · 九章》中，他特意写了一首《橘颂》，把橘子从出生到结果落地全都歌颂了一遍，认为橘子品行高洁，形态可喜，色彩灿烂。之后各个朝代都有诗人画家对橘子表述喜爱之情。苏东坡还有一首《浣溪沙 · 咏橘》：“菊暗荷枯一夜霜，新苞绿叶照林光。竹篱茅舍出青黄。香雾噀人惊半破，清泉流齿怯初尝。吴姬三日手犹香。”菊、荷都枯萎了，橘子却刚好成熟，香味让剥开橘瓣的吴姬第三天手还是香的。可能重点是橘子，也是剥橘子的人吧。北宋贺铸就单纯一点，在《晓登柏子岗回望金陵怀寄钟山泉禅师》中道：“誓将迁枳根，待变江南橘。”他用“南橘北枳”的特性表明自己虽身遭迁谪但仍会坚守忠贞品格，这可能才是橘子意象的正确用法吧。

橘子在诗人画家的笔下多是意象类的存在，对于普通宋朝百姓来说，喜欢它可能单纯因为好吃吧。宋朝百姓在吃这件事情上，可以说是最接近现代人的古人了，吃水果也是如此。据不完全统计，北宋西京洛阳的桃就有胭脂桃、蜜桃、油桃等 30 种，梅子有红梅、乌梅等 6 种，杏子 16 种，李子 27 种，梨子有 27 种，石榴 9 种，木瓜 5 种，林檎 6 种……到了南方沿海地区，还有樱桃、葡萄、芭蕉、甘蔗、荔枝、龙眼……不过，最具盛名的水果还是荔枝，在北宋蔡襄的《荔枝谱》里就记述了 32 种荔枝。其中福建兴化军的陈紫最受蔡襄喜爱，在形容其口感的时候，他说“其味之至不可得而状也”。

水果在现代有着各种各样的保鲜技术，在科技没那么发达的古代，充满智慧的古人就研究了各种各样的保存方法。普通一点的做成干果，或者做成类似水果罐头，还有蜜煎之法。《说郛·荔枝谱》卷七十七记载了多种荔枝的保存方法，“剥生荔枝，榨去其浆，然后蜜煮之”。其中“晒及半干者为煎，色黄白而味美可爱”。还有用“红盐法”保存，是“以盐梅卤浸佛桑花为红浆，投荔枝渍之，曝干色红而甘酸”，这样加工出来的荔枝“三四年不虫。修贡与商人皆便之”。

对于橘子这种不适宜蜜煎的，做成果干和水果罐头就差不多够用了。那时候还有一种叫作雕花蜜煎的饮食，跟现在的果盘有点像，要厨技高超的师傅，用各种水果雕成酸甜的花球儿，还要在青梅上雕出荷叶儿来。虽然有各种保存方法，但水果最多的还是大量上市的夏季，谓之夏饮。据《东京梦华录》里记载：“唯州南清风楼最宜夏饮，初尝青杏，乍荐樱桃，时得佳宾，觥酬交错。是月茄瓠初出上市。东华门争先供进。一对可直三五十千者。时果则御桃、李子、金杏、林檎之类。”

宋朝人吃水果是在饭前，《武林旧事》里就记载了宋高宗去清河郡王家中“蹭饭”之事，说是“蹭饭”因为赵构还带着秦桧及一大群官员和随侍人员。在寒暄过后就座，开始上的是绣花高饤一行

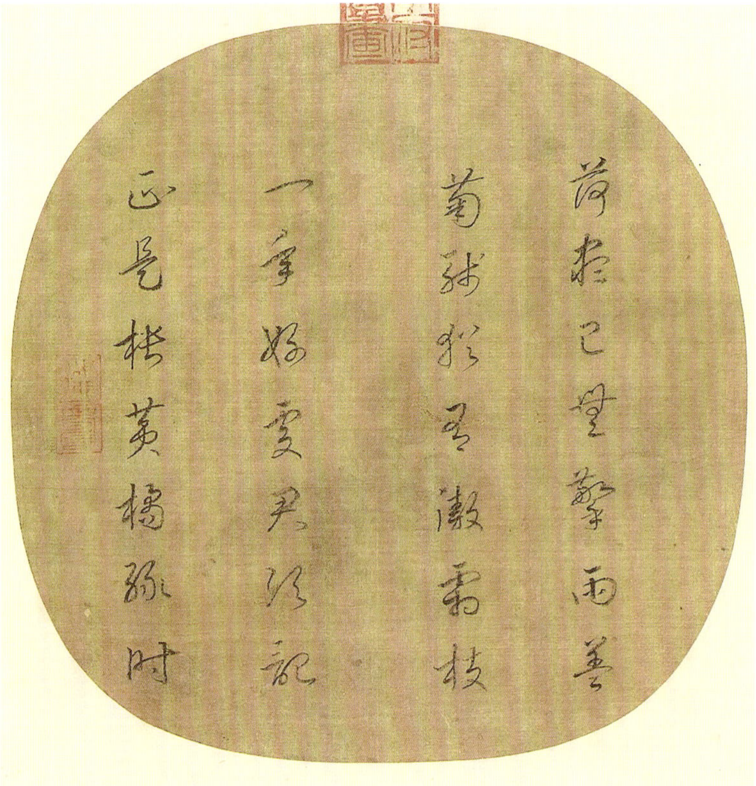

八果垒，乐仙干果子叉袋儿一行、镂金香药一行、雕花蜜煎一行、砌香咸酸一行、脯腊一行和垂手八盘子。注意以上这些都是一类统称，实际加起来超过 70 种，初上来的基本是观赏用，这时候都不吃的。前面说的包括橘子、荔枝等在内的，除了个别不太好看的，在这顿饭局上基本都能找到身影。

据统计，清河郡王为了拍赵构的马屁，除了有24道蜜煎重复，一共给赵构上菜百余道，而且事先打探好了赵构的喜好，菜品多以河鲜为主，少有大肉菜，就是为了让赵构尝个鲜；给秦桧的菜品也有百余道，酒三十瓶，馒头五十个，烧羊一头；其余依官阶大小各50至3道菜；还有一百多名使唤官，每五十人分食菜五味，斩羊一斤，馒头五十个，酒每人一瓶；军士钱二万贯，炊饼二万个，熟猪肉三千斤，螗爆三十盒，酒二千瓶……这一顿，可以说是请皇帝在家吃饭，饭局场面最大的一次了。这种招待自然也不是白招待的，十月被“蹭饭”，十一月就有了恩赏，叫“本家亲属推恩”。张家一共30口人被推恩受封，相比这顿饭的付出，可以说是非常值得了。

高文进
深得帝心的佛画专家

《弥勒菩萨像》中笑口常开的布袋和尚

“你们快看，河里好像漂着一捆柴！”

“一捆柴有什么好看的？”

“可是，可是那柴上好像还有一个婴儿啊！”

“快来人，快来人，小心别摔着孩子！”

等到众人七手八脚地将孩子救下，才发现这个孩子的不同之处，一般婴儿小时候长得皱皱巴巴，时不时就要嚎啕大哭；这孩子倒是圆头大耳，谁看都笑眯眯的，一看就是有福气的面相，身上只有一个肚兜，身下压着一个空空的蓝色布袋子。众人看着这个笑眯眯的小娃娃，心里也很高兴，当时有个叫张重天的人，他自己没有儿子，见到这个孩子后心里喜欢得不得了，就把他带回家收为义子，并为他取名契此，号长汀子。

时间一天天过去，长汀子还像小时候一样，见人就笑，加上心地善良，村里总有人找他帮忙。农忙时节，赵、钱、孙、李四家都找他在同一天里帮忙插秧，他全都答应，并且每家都去了，因为田地并不相邻，四家都没有察觉有异样。但是忙完农活，要请帮忙的人来家里吃饭，这下长汀子没办法，只能偷偷躲走了。但是他嘴里吟唱的插秧歌却流传了开来：手捏青苗种福田，低头便见水中天。六根清净方成稻，后退原来是向前。

之后的各种集市上，就经常能看见一个光额头、凸肚皮，脸上总是带着笑意的和尚，挑着一个布袋子乱走乱逛。他见人就化缘，不管别人供养什么，统统放进布袋，没有人见他把东西倒出来过，那布袋看上去又总是空的。有人问他的法名，他总是回答："我有一布袋，虚空无挂碍。展开遍十方，入时观自在。"有人向他请教佛法，他就把布袋放下，也不说话；如果那人不懂他的意思，继续问，他就立刻提起布袋，头也不回地离开。

直到布袋和尚端坐在明州岳林寺东廊下的一块磐石上，将圆寂前，说了一偈："弥勒真弥勒，分身千百亿。时时示时人，时人自不识。"说完就姿态安然地坐化了。这时候人们才意识到，这个整天笑嘻嘻的大肚和尚，是弥勒佛的化身。

在现代的很多影视作品里，弥勒佛也都是一个笑口常开、袒胸露乳的形象，现在普遍认为这个形象是以布袋和尚为原型塑造的。

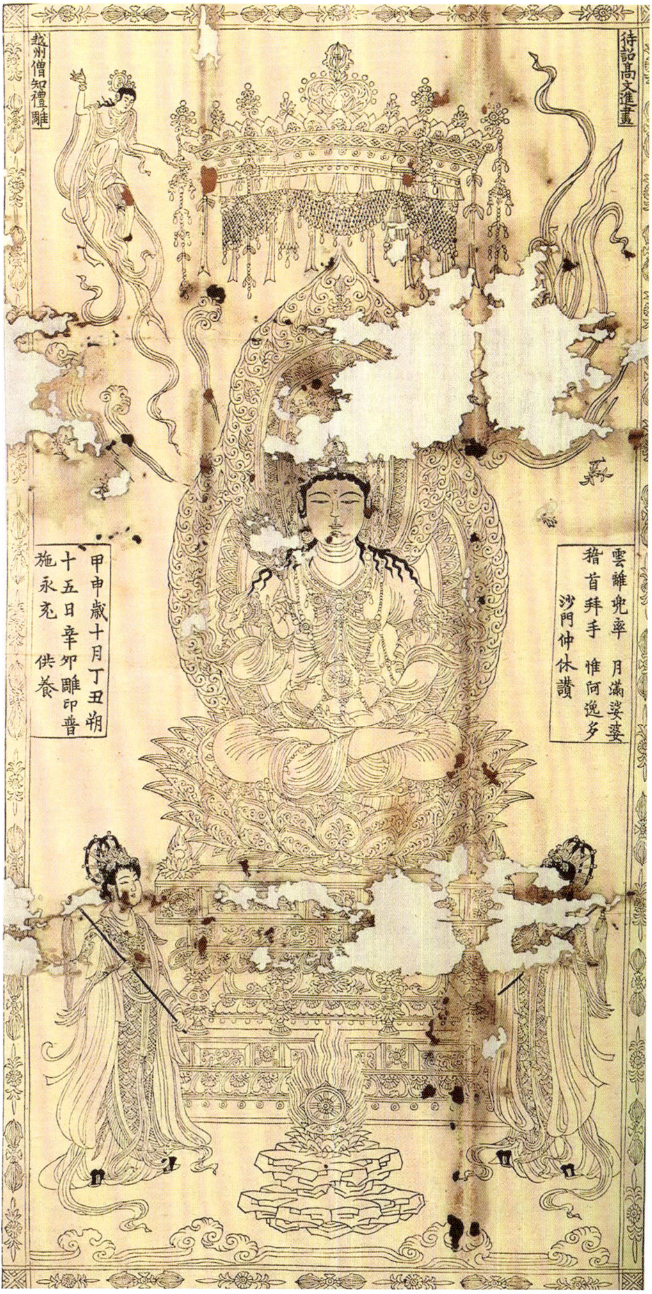
待詔高文進畫
越州僧知禮雕
雲騅兜率 月滿娑婆
稽首拜手 惟阿逸多
沙門仲休讚
甲申歲十月丁丑朔
十五日辛卯雕印普
施永充 供養

但是在中国的历史里，佛教的兴盛也伴随着统治者的政治需求。在后周时期，为了寻求富国强兵，就曾有过排斥佛教的举动，但是宋太祖登基之后，便立即下诏停止废佛，等到太宗继位之后更是大力提倡佛教，还下诏天下沙门入殿论经，并且专门修建了印经院和译经院，刻印和翻译佛教经典。对内如此推崇佛教，对外也是鼓励周边小国及天竺派遣僧侣使者来宋交流，这时擅长佛教画像的高文进便进入了皇家画院，成为了翰林待诏。

这幅《弥勒菩萨像》宽 28.5 厘米，高 54 厘米，现藏于日本。画像已经有所残破，但是主体描绘依旧清晰可见。弥勒菩萨庄严肃穆，垂发于肩，大耳丰硕，线条浑圆，眉目平和前视；佩戴了项饰璎珞、腕钏等精美饰物；周身各处衣纹线条流畅自然，有很强的写实感。手指饱满，双腿叠压，足心朝上，结全跏趺坐于莲花之上，为圆满安坐之相。莲台下有“工”字形须弥座，装饰繁复精致。此处绘刻的八角形宝伞用大菱纹样做基本框架，中间有中小菱纹、小三角形填补；宝伞顶部用展瓣莲花作为装饰，莲花作为净土的象征，在佛经中也常用来比喻佛法的难得。四周圆边上绘有帘饰，垂着各式垂幔，并悬有彩铃、流苏等物，一派富丽之姿。

这幅画还运用了大量的忍冬纹，忍冬纹在佛教的寓意中，因为有“凌冬不凋”之意而被大量运用，寓意为永生轮回。除了端坐的弥勒菩萨外，围绕宝伞，下有侍者，上有飞天，线条均柔和精细。右飞天有些许破损，左飞天飘动的长裙和摇曳的彩带正迎风舒展，能看出姿态的轻盈优美；左侍者恬静淡雅，身上的霞帔绣着花纹，气质雍容尊贵。

画中右上方刻“待诏高文进画”，左上方刻“越州僧知礼雕”，中部于菩萨像两边分别刻有“云离兜率，月满娑婆，稽首拜手，惟何逸多。沙门仲休赞”（右），“甲申岁十月丁丑朔十五日辛卯雕印普施，永充供养”（左）款识。

《弥勒菩萨像》能流传到日本，与宋太宗鼓励交流佛法有着一定的关系。据说当时有个日本僧人奝（diāo）然，他来到东京之后拜见了宋太宗。太宗召见他之后，不仅有所赏赐，还让他挂单于太平兴国寺。一次，他拜完旃檀释迦瑞像后，就请求浙江台州的张延袭、张延皎兄弟二人为自己用樱桃木也雕刻一尊释迦像，他把佛像内部掏空，后方镶嵌了盖板，内里藏了很多佛画、珠玉等宝物，高文进的这幅画就藏在其中，另有高文进的《文殊菩萨》《普贤菩萨》及《灵山变相图》各一幅，因为风格一致，被认定为一组作品。

宋太宗推崇佛教，最初可能是想借助佛教来塑造自己的形象，但是在后期政治抱负推行不顺利，三番两次对辽作战失败后，又想借助佛教来抚慰自己在战争失败中受到的精神与肉体的伤害。这个时候，擅长佛教绘画的高文进就成为了这位帝王的宠信之人。高文进因能常常陪伴在皇帝身边，得到许多赏赐，等到高文进年老生病的时候，太宗派遣太医去诊治，并对太医说：“文进之命实系卿

手，不可缓也。”甚至能得到皇帝的亲自探望，不得不说，宠也是真的很宠了。对于一个这样合自己心意的有才之人，宠一点也不为过了。

许道宁
颇显另类的山水画家

《渔舟唱晚图》画出了渔夫之爱，爱在闲适

太阳已经从险峻陡峭的山峰中消失，躲藏在山坳之间，伸向远方的谷地上，撒满了余晖。凉爽的微风轻柔地吹拂着，好天气再持

续一段时间吧，这样家里的收成就能好上不少了。渔舟上的渔人暗暗地想着，一边直了直身子，将打到的鱼货收到了一边。不远处的江面上有一个窄小的木桥，木桥上有着三三两两的行人，似乎是忙碌了一天，正要回到家里，而山坡上那精致的楼阁里似乎有炊烟将要升起了。

“船家，今天的收获怎么样？”

“这么远就开始问，你是有多着急？”

“哈哈哈，不急不急，刚才在酒馆正好看见有人在睡觉，睡姿甚是可笑，我这就画下来，与你分享。”

“你还真是记吃不记打，前几天因为你乱画画，揍你那人你可还记得？”

“那是他心胸狭隘，不能与大家同乐。若是我，被画下来能博大家一笑也算乐事！”

“像你这么性格张狂的人，没天天被打，我真是觉得奇怪啊。”

“可能是因为，我画的画还挺好看的吧！”

“是挺好看，要是不好看你也不能卖出去那么多药不是。”

“人家是买药送画，你是买画得先买药，算起来也是本朝第一人了。”

“谬赞谬赞啊！还是只能说我画得好，等我下次喝完酒，把你也画进画里，如何？”

“说得好像我不同意你就不画一样！”

《渔舟唱晚图》又被称为《渔父图》，是许道宁代表作之一。许道宁幼时家贫，少时曾读过一段时间的书，但是没多久就放弃了。读书时间虽然短，但是他的绘画天赋确实比较高，年轻时，在汴京（今河南开封）以卖药为生，为了更好地提升销量，随药送画，用画吸引顾客。当时的许道宁画画并没有自己的风格，反而是以模仿“北宋三大家”之一的李成的风格出名，直到晚年，才形成自己的风格特色，笔法简洁明快，画风却豪放不羁。也因此得到了当时的宰相张士逊的赠诗称赞“李成谢世范宽死，唯有长安许道宁”，还把自己家的墙壁交给许道宁创作。

《渔舟唱晚图》是绢本画，现藏于美国纳尔逊·艾特金斯美术馆，画上有群山，有辽阔的江面。江上有渔船游弋，山坡上阁楼精致，还有一窄小的木桥，有行人从桥上走过。所有的景物都被描绘得自然又贴切，充满了生活的画面感，却又美感十足。

画上用拖笔长皴的画法，勾画出重量感十足又险峻陡峭的山

峰，有别于李成的卷云皴，山边绘出屏风一样的壁崖，将峰峦的峭拔之势展现得非常突出；山势与迂回曲折的江水增加了构图上的变化；山头则用竖直细线皴出，画树用粗笔，树干却不皴，树枝像是鸟雀的爪子。整幅画通过粗细不一的轮廓线与强烈的墨色明暗形成对比，使原本萧瑟静谧的山水充满了壮阔幽深的气势。

《渔舟唱晚图》上虽然没有突出“渔夫”这个形象，但在整个宋朝的文化里，“渔夫”或者说“渔钓”这个活动，出现的频率都

很高。比如，生性豁达洒脱的苏东坡，闲来无事，也会写上几首渔父词：“渔父，渔父，江上微风细雨。青蓑黄箬裳衣，红酒白鱼暮归。归暮，归暮，长笛一声何处。”曾经官拜太师的史浩也写过多首和渔夫相关的词，比如《渔夫舞》：“一引修鳞吾事了，棹船归去歌声杳，门俯清湾山更好，眠到晓，鸣榔艇子方云扰。”

虽然在宋代之前，甚至在先秦诸子百家的文章中，已经有这类意象的出现。但是即使是在唐文化鼎盛的那个时期，与渔钓意象有关的描写却远不如宋代文人。“渔文化”之所以能在宋朝迎来自己的鼎盛时期，是与宋朝独特的文化理念和背景有很大关系的。

宋代的经济文化中心从原来的北方偏移到了南方，南方的温润多水为渔钓文化的出现提供了必要的客观环境。除了自然环境的影响外，宋朝特有的政治环境，同样也为渔钓意象的发展提供了温床。宋朝在历朝历代里，可以说是最“重文轻武”的朝代了。自从宋朝开国皇帝赵匡胤“杯酒释兵权”后，为了避免兵变这样的事情再次发生，宋朝的武将地位就有那么一点尴尬了，与之相对应的，文人的地位就越来越高了。

在宋朝重文抑武的政策下，整个宋代的官职基本都由文官来担任，前面介绍过的《远岫晴云图》的画家米友仁，就是宋朝的兵部侍郎，相当于现今的国防部副部长，一个文人担任了几乎是武将头头的职务。在这样一个环境下，文人做官能得到丰厚的俸禄；不做官的话朝廷对隐士也格外尊崇，动不动就召见、赐官，虽然大多数隐士都没有接受，但是朝廷还是会给予不少赏赐。

再加上宋朝曾发生过多起党争、党祸事件，文武分工不明晰也导致了官场的混乱，这个时候入朝为官就成为了一个风险较大的选择，于是很多宋朝人在做官与归隐之间选择了后者。身为隐士又总要有些高雅的爱好，除了琴棋书画这些一看就很文雅的内容，钓鱼就是一个不错的选择。毕竟还有姜太公钓鱼这个珠玉在前的例子，这个时候隐士们只能有意无意地表现出不慕功名的“唯爱垂钓”的渔父形象，像是在表达对那些走仕途人的一种讽刺，好像不慕名利的自己要比在官场钻营的人更清高；又想借此从侧面树立自己淡泊名利、心存高雅的隐士形象。当然，也有真心喜欢垂钓这项活动的，只是在种种因素叠加之下，“渔钓”成为了宋朝的一种潮流，一种“工具”一样的存在。

佚名
一个只留下画作的神秘人

《七夕乞巧图》揭示了宋朝人丰富的夜生活

七月的开封像是换了一种风格，原来是热闹、繁华的，现在却从热闹变成了喧嚣。街上熙熙攘攘的人，摩肩接踵，难以想象人跟人之间的间隙能小到如此的地步。早在七夕的前几天，京城的街上就已经是人来人往、车马不绝了。临街的摊贩、商户们，都已经挂起了帷帐或是彩幕。其中花样最多、最受京城人们喜爱的，大概就是磨喝乐了。这种最初用泥做成的小佛像，属于七夕的应时物件，地位约等于中秋的月饼。但是在受到人们广泛欢迎之后，商家就抓住了这一时机，开始用名贵木材或者象牙等材料雕刻，甚至还有专门给磨喝乐穿的服饰。还是那句话——玩，宋朝人是认真的。

磨喝乐火到什么程度呢？城里的小孩儿，会去模仿磨喝乐的形态，当时最常见的就是手执荷叶的磨喝乐。于是就能在汴京的街上看见一群追逐打闹的小朋友，他们有的扎着冲天辫，有的留着鹁鸪头（头顶都剃光，只在两侧留发），上身穿着交领短袖，下身是窄腰肥裤，这套装扮也是当时流行的打扮。这些孩子手里都会拿着一枝荷叶，叶面像斗笠一样大，叶柄长度一般都超过一尺。七夕晚上不是经常会下雨吗？如果下雨这就是雨伞，如果不下，这就是一个最好的模仿磨喝乐的玩具了。

除了磨喝乐之外，街面商家还会隆重推出其他玩具，像在瓜上雕刻出各种花姿态的“花瓜”；像用黄蜡铸成玩偶，除了常见的龟鱼、鸳鸯、鸡鸭外，还会有小的牛郎和织女，这些都在一个水盆里，漂来漂去的，叫作“水上浮”；还有用绿豆、小豆、小麦在瓷盆里发出的半尺左右的青苗，再用红蓝不一的彩缕轻轻地拢好，叫“种生”，是用来祈求农事收成的；还有古代版微缩森林景观“古板”，是在木板上进行的装饰，木板上铺好草木灰，长着一小片刚发芽的谷苗，谷苗后还有用柳树枝和青草扎成的小茅屋，屋子后一般还有一片浅浅的鱼塘，几只特别小的鱼正在那儿游来游去，屋前还有木雕的农夫、泥塑的黄牛，形态逼真，栩栩如生。

在饮食上，也很有讲究。在七夕节前，人们便会用红熬鸡还有其他的时新果品，互相馈赠，取吉庆之意。平常百姓家也会尽量摆上鸡鸭鱼肉，吃上平日舍不得吃的一顿大餐。负责果品进贡的蜜饯局还会在市场上售卖水蜜木瓜。各种食物的香气混在一起，整条街都是让人垂涎欲滴的味道。

玩具和吃食都有了，自然也少不了娱乐活动，说书、傀儡戏、杂耍、影戏、杂剧等表演，更是让人不知道从哪儿看起比较好。对于宋朝人来说，这可以说是非常盛大的节日了。

关于七夕的画流传比较少，这幅《七夕乞巧图》甚至作者是谁都不知道。它描绘的是身着红衣的夫人，带着身后的婢女们，正在准备庆祝七夕的活动，这是内院的热闹。虽然画上没有画出外面街头的喧嚣，但从流传下来的文献来看，从开封北头到潘楼集市，“状其浩穰之所，至为精备”也可从中窥探一二，让人感受到宋朝七夕的热闹氛围。在宋朝，特别是北宋，因为经济发达，人们对于节日的仪式感是非常重视的，一年中重要的节日都有自己隆重且特殊的庆祝方式。

新年伊始，被宋朝人民称为“元旦”“元日”。所有人“不论贫富，游玩琳宫梵宇，竟日不绝。家家饮宴，笑语喧哗。此杭城风俗，畴昔侈靡之习，至今不改也”。就算家中再困顿的百姓，也会“新洁衣服，把酒相酬”，这个习惯倒是和现代一样，过年算是最重要的节日了。皇帝还会在宫中举行大朝会，先是向上天祈求百姓丰收，之后还要给太后拜年：“元正启祚，万物惟新。伏惟尊号皇太后陛下，膺时纳祐，于天同休。”不管平日里太后与皇帝的关系怎么样，这时候都是会按照流程回皇帝：“履新之祐，与皇帝同之。”然后是百官给皇帝拜年：“元正令节，不胜大庆，谨上千万岁寿。”皇帝则会回答：“履新之吉，与公等同之。”这套程序走完，才算是开启全民狂欢。

元宵虽然也是个大日子，但是庆祝的方式和前面说到的七夕差不多，重头戏是放灯。各种搭建好的棚楼被灯光点缀得绚烂多彩，每条街上都是摩肩接踵，热热闹闹的景象。可能是为了互相较量，茶肆酒坊等商铺在灯的花样上都是绞尽脑汁，有灯球、绢灯笼、日月灯、诗牌绢灯、马骑灯、镜灯、水灯、影灯、琉璃灯……灯品之多，让人眼花缭乱、目不暇接。元宵之后的清明，跟现代一样要踏青出游，汴京郊外人流如织，“往往就芳树之下，或园囿之间，罗列杯盘，互相劝酬……抵暮而归”。朝廷也会开放一部分皇家林苑，一面表示恩赏，一面寓意与民同乐。

端午节畅销的是各类花，平常家里没有花也没什么，这个时候花就是必需品。有钱的可能会用菖蒲、石榴、蜀葵等做插花的花束，家中贫困的也要用小坛子插一朵花。有的百姓去外城采摘艾草，把葵花、艾草悬挂在门楣上，还会用“采艾柳桃蒲，揉水以浴”，认为洗完这个澡就能一年不受疾病的侵袭。

冬至那日，最盛大的要属皇帝的祭祀了，但是就像春节一样，在宫内祭祀，但是每隔三年会去南郊举行一次祭天大典，每次都是上万人的排场。这也是开封市民难得能亲见圣颜的机会，所以每次去南郊都是“御路数十里之间，起居幕次，贵家看棚，华彩鳞砌，略无空闲去处”，人们争先恐后地一睹皇帝的风采。

高克明
严谨写实的画作堪称北宋妙品第一

从《溪山雪意图》看宋朝皇帝如何雪中送炭

天悄无声息地暗了下来，三三两两的雪花慢悠悠地飘落下来，预示着今冬第一场大雪就要来临了。雪越下越大，难得的是并没有刮风。一片片雪花落在树上，并不会立即掉落下来，反而会在树上停留一会儿，等到树枝承受不了雪的重量，就会有一个小小的反弹，抖落掉积雪之后，又以挺拔的姿势去迎接新的雪花。

“老爷，这大雪天就不要出门了。”

“你懂什么，我和世兄约好，初雪垂钓，别有一番情趣。雪中垂钓自然不能坐在水边，要乘着船，边听着雪落在水面的声音，边喝着热茶，个中的风雅意趣岂能与常人道哉？”

“是是是，你们风雅你们的，我怕冷，在屋子里不出去了。”

“那是自然，你在屋子里赏赏雪景也没什么不好。世兄家附近有河、有桥、有树，平日里景色就很不错，下了雪盖上银色之后也定

会非常漂亮。”

雪越下越大，山间的小路已经快要模糊到看不见了。有人在船上垂钓，为钓上大鱼欣喜；有人在山间负重前行，为生活奔波；有人在暖和的屋里，喝着茶欣赏着雪景……

《溪山雪意图》描绘了雪后溪水两岸的景色，银装素裹的平坡山坳、溪流、村舍、几座小桥，枯木、绿松、错落的竹林；有小船静静地停泊岸边，山坡上有人半裸上身冒着严寒担物而行，全图将云收雪霁的清冷寒寂很好地表达了出来。在高克明的笔下，树石屋舍用笔一丝不苟，画风严谨写实。整幅画用近景构图、山石用斧劈皴，画首题“高克明”三字，画尾书有“景祐二年少监簿臣高克明上进”，

当均系后添。画幅左上角有“囗州牟氏书斋清玩”的题记，拖尾有吴宽跋。卷中钤有明朱棡、王世贞及清内府等鉴藏印，《石渠宝笈三编》著录。

高克明，宋代绛州（今山西新绛）人，主要活动在太宗、仁宗时期，是当时著名的山水画家。《宋朝名画评》将他的作品列为妙品第一，认为：“高克明铺成景物，自成一家，当代少有。”高克明擅长佛道、人鬼神、花鸟虫等，多小景创作，精密工整，有时就少了那么一点飘逸之致。他的画一般都是实地观察取材，同时画风又不专师于一家，比较注意采撷诸家之美，颇有创新的味道。

雪景对于历朝历代的画家而言，都是值得画上一画的良好素

材，宋朝也是如此，擅长画雪的画家、写雪景的诗人都非常多，但是提到宋朝的雪，就不得不提起另一个人，那就是程颐。那时程颐是宋朝著名的学者，经常有学子前来拜访求教。有一天，杨时与他的学友游酢因为争论一个问题，谁也说服不了谁，为了寻求答案他们决定一起去程颐家请教。

当时正好是冬天，天寒地冻，风雪交加。他们到程颐家时，适逢程颐坐在炉旁睡着了。二人不敢打扰老师，就恭恭敬敬地侍立在门外等候。过了很久，程颐一觉醒来，在窗口发现了仍旧站在风雪中的杨时和游酢，这时二人脚下的积雪已经一尺多了，就赶忙让他们进屋。这就是大家耳熟能详的“程门立雪”的故事，也是流传多年尊师重教的典范。

北宋时期正赶上气候向寒冷转变，乾德二年（964）十二月，京师汴京下起了大雪，雪大到什么程度呢？宋太祖赵匡胤都要“设毡帷于讲武殿，衣紫貂裘帽以视事”，就这样全副武装还觉得冷，那些跟着一起议事的大臣更是冻得接连生病。到了宋太宗淳化五年（994）十一月，又有了天气“大寒”的记录。因为冬天过于寒冷，很多百姓都会被雪灾所困扰，每年冬天都会有很多百姓死于过度的严寒。每当这个时候，宋朝皇帝经常会赏赐一些物品来帮助百姓御寒，据《宋史》记载，在宋太宗淳化四年（993），为更好地表现京城祥和的气氛，树立自己仁君的形象，太宗赵光义就曾“赐京城高年帛，百岁者一人加赐涂金带”。

可能也是巧合，下了这个决定的那年冬天，雨雪交加，天气比往年还要冷。于是宋太宗立即宣布，派遣“中使”再赐京城“孤老贫穷人千钱米炭”。在这种寒冷的天气里，很多人都是睡着睡着就再也醒不过来了。但是，有了朝廷赐下来的米和炭，就相当于多了一层保障，多了生活下去的希望。于是从宋太宗开始，“雪中送炭”的故事就这样延续了下来。为了宣扬自己的德政，宋朝历代君主中这样的行为并不少见，宋真宗、宋哲宗等都曾有过。为了更好地解决冬季的取暖问题，两宋朝廷经常将官府的柴炭减价、低价卖出，“遇炭贵减价货之，即京师炭价常贱矣”。

而“雪中送炭”也成为了宋朝人对朋友过冬最好的赠礼，高登曾因下雪天冷、家里已经喝粥几个月、没柴少炭，写诗向朋友求救：“雪中送炭从来事，况尔羁躬觅橐橡。”南宋中兴诗人范成大也曾作《雪中送炭与龚养正》，用“送乌薪”来表达对朋友的问候。就像现代人常说的，酷暑的时候，告诉别人，哪儿凉快哪儿待着去，绝对是对朋友的真爱。

燕肃
宋朝文人画的先驱

《春山图》属于理工男的浪漫

科学与艺术就像两个迥异的领域，它们仿佛两条平行线，永不相交。科学男一般都是冷静深沉得“不近人情”，而艺术男一般却是放荡不羁爱自由的。行走在这两种类型之间的人，达·芬奇算一个，爱因斯坦也算。在宋朝也有这样一个人，他学识渊博，精通天文物理，发明过各种小物件，还官拜龙图阁直学士。这样的宋朝理工男，心里也有着别样的浪漫，除了发明创造和为民做主，还喜欢音律和画画。以至于有人吃醋，说他的画，精准有余，想象不足。可是对于他来说，画画只是放松之余的一种消遣，然后一不小心，也取得了很高的成就。

“此处风景甚是优美啊！”

“是啊，你我一路行来，似乎这个地方的风景格外清幽。”

“其实我对环境的要求并没有太高。”

“哦？说来听听。”

“你看，这隐士居住的地方，山总要有吧，没有山的话隐的感觉都没有了；这山总要有点险峻吧，要是平平无奇也没什么趣味；就算不险峻也得清幽吧，格调还是要的；水也要有吧，不说日常用水，就是闲来垂钓也要有个可以放鱼竿的地方；山水都有了，长相清奇俊秀或者怪有奇趣的树也要有吧，哪个隐士门前没有几棵树呢；如果再有修好的路可以供人出入，再有个不错的房屋，那就更好不过了。你看，其实我说的都是最低要求，要是这都达不到的话，那还不如让我在市井住着，最起码吃什么买什么都很方便！”

“你猜，你这些要求，一只手能数得过来吗？”

“哼，我不数，没有合适的就再找，我就不信了，只要我有一颗隐士的心，地方还能找不到？”

“你加油，我只希望，下次进山，东西你自己多背一点。”

《春山图》是一幅画在纸上的水墨全景山水画，现收藏于北京故宫博物院，画家是宋朝的燕肃。宋代的画家在画山的时候总喜欢讲究纵深，使山的形象更加具体，燕肃这幅画也是，但是他笔下的山峰显得不是那么险峻，而是有着一分清秀，配上山间的清溪涓流、板桥竹舍、高松垂柳，整个画面都给人以轻松幽静之感。也有人说，燕肃的画作，总带着一点精巧写实之感。但实际上，燕肃的画作，在宋朝的评价很高，他善于画山水寒林，人们认为他画画的水平与王维不相上下。只不过他的画作大多为宫廷所收藏，世间所传非常少。他到太常寺时绘制的寒林屏风，被称为“绝笔”。他擅长以诗入画，意境高超，被誉为宋朝文人画的先驱。这种画风与燕肃的经历有关，毕竟是宋朝难得的发明家，画风自然也不走寻常路。

燕肃，字穆之，青州益都（今山东益都）人。幼年时，为了躲避战祸，搬家至曹州（今属山东），六岁时父亲去世了。燕肃自幼勤奋好思考，曾游学睢阳学舍。对于燕肃来说，他人生的前半程就是在不断地增加各种技能，然后在入朝后开始他自己的表演。在做官的前几年，燕肃就表现得很优秀，得到了两度封相的寇准的赏识，在经历数次升迁之后，他做了一件完善当时宋朝司法制度的事情。

受到宋朝整体环境的影响，当时的朝廷对于死刑还是很谨慎的。要由大理寺裁判，确认无误后报审刑院复查，由审刑院的知院写出书面意见，最后上报中书省裁定，层层流程核查下来才会执行。但是很多地方为了减少麻烦，不按照流程办事，导致整个制度形同虚设，很多不该死的犯人都没有了免死的可能。燕肃针对这种情况，建议将各州死刑案卷宗都呈送到最高审判机关大理寺，之后按照流程进行复审、验证。最后，朝廷采纳了燕肃的建议，王安石曾写诗称赞他“奏论谳死误当赦，全活至今何可数”，说燕肃是“仁人义士”。不久，燕肃擢升龙图阁直学士。

升官之后，燕肃体内的发明之魂就压抑不住了，他除了为民做主之外，还想再发展点“副业”造福一下朝廷和百姓，于是他发明了“莲花漏”。在燕肃发明“莲花漏”之前，宋朝普遍用的计时仪器是刻漏，又叫漏壶，通过滴水计时，但是当壶里的水漏得差不多时，水流也就变缓了，计时就不准确了。为了更加准确地计时，燕肃采用了漫流系统，计时准确性大大提升，这个发明有着划时代的意义。

除了“莲花漏”，燕肃还制成了指南车、记里鼓车和欹器，指南车和记里鼓车都是当时皇帝出行时的一种仪仗车，数量虽然很少，但是规格极高，主要目的就是凸显皇帝的威严与排场。燕肃研制的指南车，是用传统的独辕双轮车制，再装配上齿轮传动系统而成。整辆车由车上的木人来指示方向，与指南针无关。但是指南车的发明，意味着中国在齿轮传动和离合器的应用上，已经取得了很大成就。

而记里鼓车，是一种能够自动计程的机械，有点类似于现代汽车上的里程表，它利用齿轮传动装置将车轮行走的里数反映出来，车每前行一里，车上的木人就击鼓一槌。试想一下，皇帝出行伴着这样的仪仗，那些百姓对能自动敲击的木人指指点点、赞叹不已的样子。只能说，不要小瞧了古时候的科技男。

除了这些发明上的巧思，燕肃还是一个能用心观察生活的人，他利用在东南沿海各地做官的机会，用了 10 年的时间观察海潮，并积累了大量的资料。在研究古人潮汐理论的基础上，他著成了《海潮论》，绘制成了《海潮图》，这对宋朝的水路交通和渔业生产都起到了积极的促进作用。

燕肃的发明对宋朝生活的影响可能是潜移默化的。他所做的事情对于整个朝代、时代而言，或许微不足道，但正是这样的微不足道，积攒起来就是能改变世界的力量。

燕文贵
从街头卖画到翰林图画院的高手

《溪山楼观图》让画院在大街捡拾人才成为传统

“高大人，明日休沐，有何安排啊？”

“听说集市上有新来的砚台，过去看看。”

“这么多年，高大人这喜欢逛街的习惯还是没变啊！”

“哎，王大人，人总要有点嗜好不是。”

“高大人说得对，回见！”

“回见！”

翌日，开封街道。

开封城内人群依旧是熙熙攘攘，像极了高益刚来开封时候的样子，“开封好像更加繁华了，我却好像已经有点老了！”高益一边感叹一边随处看着新鲜。在逛到天道门时，他的眼光被一幅画吸引

了。那是一幅描绘江景山川的山水画，画中景物清润俊秀，巍峨的楼观殿宇在山溪之间清晰可见，画中的山势宏伟，别有一种开阔大气的气势，境界雄浑，让人见之难忘……

高益忙走到近前仔细观察，之后又与画家交谈了起来。谁知越聊越投机，最后高益决定，这等人才不能埋没，就与摊主表明身份，要将他的画献给官家。离开之前，那个叫作燕文贵的摊主，眼神里有着大大的疑惑。高益没有说的是，在若干年前，他自己也是一个在开封大街上卖药的，后来也是画作被人赏识，最后才成为画院待诏，现在，他只不过是重复了这一过程。

果然，在燕文贵的画被呈献给太宗赵光义之后，太宗对燕文贵的画也很欣赏，并听从了高益的建议，让燕文贵去画相国寺的壁画，之后又被招纳进图画院供职。燕文贵之后虽然没有像高益一样，从街头领人回画院，但是他的首席大弟子屈鼎把许道宁介绍了过来。这情形就好像，画院入职的新人都在排排坐，听老人们讲那过去在街上“捡人”的故事。

《溪山楼观图》是一件立轴作品，纵 103.9 厘米，横 47.4 厘米，现收藏于台北故宫博物院。燕文贵擅长的是宋初典型的全景式山水，通过近景、中景、远景的层层描绘，加深画上事物的对比，给人以辽阔深远的感觉。这幅画在近景的部分描绘的是在长峡汀州的水滨上，丘陵起伏，古树盘根错节，沙滩有星星点点的碎石散布着；

水榭亭台临溪而建，在蒸腾的水汽中仿若仙境，有三五人或步行，或挑担，或骑马，沿着蜿蜒的小径向山内行去。中景和远景则用燕文贵特殊的笔法表现了北方山水的宏伟景观，山势雄伟，峰峦耸峙，在险峻的山峰之间，有着一片壮观的楼观屋宇，山崖间有多处瀑布倾泻而下，栈道艰险地盘旋在山腰，山崖下有水榭回廊，跟下面波澜浩渺的江面互相映衬。

整幅画将各色景物巧妙地安排在画面中，给人以丰富的空间设计感，呈现出“燕家景致”的特色。引人注意的是，画面上最高的那座山远远超出了其他山峰，在视觉上最抓人眼球，加上周围山峰的簇拥，更是强化了主峰这种“一枝独秀”的感觉。

燕文贵在太宗赵光义在位时期进入宫廷画师之列，当时很多宫廷画师在画山水时，都是这种风格，这自然也和当时的政治环境有关。赵光义是从兄长手里继承皇位的，在宋太祖赵匡胤驾崩之后，没有按照常理将皇位传给自己的儿子，而是传给了弟弟赵光义，加上一直有“谣传”说，当时的宫中有两兄弟争吵的声音，又说有斧头落地的声音，之后赵匡胤就驾崩了。连后世都普遍认为赵光义的皇位“来路不正”，何况是在当时，所以赵光义上位后就急着证明自己。

赵光义继位后，他先是用政治压力迫使割据漳、泉二州的陈洪和吴越王钱俶纳土归附。第二年，率军亲征太原，灭了北汉，结束了五代十国的分裂局面，在形式上一统全国。但或许是接连的胜利让他有点得意忘形，赵光义不顾众臣反对，开始了两次北伐，却都遭受了失败。虽然在战争上有所失败，但是对内，赵光义不仅鼓励农业生产发展，还扩大了科举取士规模，使得大批有识之士得以投身朝廷，其实也是在逐渐培养自己的势力，替换掉赵匡胤时期的官员；还编纂大型类书，对佛教的支持力度也很大，重修相国寺就是在这种情况下被提及，燕文贵也才有机会入朝为官，虽然只是个画师。

那个时候的宋朝，虽然各方面发展得不错，但无论是经济还是文化，都没有到达最高峰，虽然能人辈出，但是整体上人才还是比较缺乏，加上燕文贵确实有才华，所以才有这样的机会。那个时候赵光义比较注重加强中央集权，可能他认为皇位虽然坐上了，但是不知道稳不稳，也不知道能坐多久，所以总想把权力先往自己手里收一收。这种心态不仅仅表现在军事和官员的更换上，还表现在皇帝喜欢的诗画上。

燕文贵作为那时候的宫廷画师，画的山水画，几乎都是这样的“一山独秀”，其余的山峰可以是陪衬，可以是点缀，但是不能喧宾夺主抢走主峰的风头，这与当时上位者的心理期望是吻合的。或许这种画法最开始只是出现在画院一位画师之手，但是只要当权者对这种类型的画表示欣赏，之后所有人的山水都会暗含这一含义。这也是为什么说宫廷文人画与民间画师相比，少了一分自由的缘故。可能这幅画首先是为了讨好皇帝，之后才是展现自己的想法。不过换个角度想，也能理解这些画家，毕竟现在工作不开心可以辞职、可以换工作，那个时候如果惹怒“老板”，不仅仅是丢工作，可能直接连饭都没得吃了。

从《秋山萧寺图》看宋朝考试的套路

“听说了吗？”

“你也听说了？”

“你们俩神神秘秘地说什么呢？”

“你还不知道？行，不知道就算了，我们一边说去！”

“哎，别呀，有什么好东西不能和兄弟一起分享啊，带我一个，带我一个！”

“那你可不能和别人说啊，走，我们找个地方好好聊聊……”

翌日，宣德门外大街。

“燕兄，你就救救我们吧，给我们一条活路。”

“是啊，燕兄，我们能不能进画院就靠您老人家了。”

“少来，别瞎说，燕兄玉树临风，青春年少，叫兄长是为了表示尊重。”

燕文贵坐在桌子旁，看这三个人耍宝一般的表演，举杯喝了一口酒，没有立刻应允。那几个青年人看着他这样，你看看我，我看看你，最后推出来一个面目讨喜地说：“燕兄，我们知道这事也不太好，也是实在没办法，现在也不是想让您帮我们作弊，就是想看看，您这方不方便，有没有画好的给我们开开眼，我们只想长长见识，绝

不给燕兄您添麻烦。”

“就是，就是，我们就是想长长见识。”

一个机灵的看燕文贵还是不表态，连忙说：“我们听说燕兄就好喝一口。这不，给您打了三壶好酒，还有点下酒菜，总不能白麻烦燕兄一回不是。”听到有酒，燕文贵睁开已经喝得有点迷蒙的眼睛，想了想说：“行，就这一次，你们有时间就来，我随时会画，看完自己多想想，重要的是领会精神就行。”

“哎哎，谢谢燕兄，等我们高中，再给您打几壶好酒。”

在宋徽宗时代，画院的考核中就出现了“乱山藏古寺”这样的题目。很多考生都用塔尖或者寺院的鸱尾来暗示山间的古寺，有的想点题明确一点的甚至还画出了佛殿。这种没什么新意的作品，自然都不被考官们看好。但凡考试也总会有搜集历年考题的人，所以那时候的画工口诀中就有“古寺萧条，掩映松林佛塔”的说法。

所以很多宋朝的画院派这么喜欢“萧寺”这个概念，其实也是有原因的，毕竟是作为画院考题出现过的。就好像你已经通过考试被录取了，但是总有人会觉得，我还可以答得更好，然后就把这个考题画了又画。以至于在北宋《宣和画谱》记录的皇家收藏中，就有二十多件寒山古寺的作品，而且多为名家所画。种种原因综合下来，“萧寺图”就成为了宋朝画作里一个非常重要的类型。

燕文贵的《秋山萧寺图》就明显不走寻常路，整幅画中山是主体，山上的树木、山间的流水都比萧条树木掩映下的寺院更抓人眼球；三三两两的行人，有正在赶路的，有牵马前行的，江上还有一叶扁舟，充满了画院派喜欢的水云弥漫雾霭朦胧的含蓄美。在李成时期，萧寺图这一题材多选用平远构图法，寺院在画中的占比并不算小。李成之后的一段时间里，一般用手卷的形式横向展开构图，在空间布局上也改为平远法结合深远法。不再特别细腻地描绘寺院，寺院的占比也变小了不少，不再成为画面的中心，反而让寺院成为渲染氛围的存在。在画面的整体意境营造中，起到点睛的作用。让看画的人不再拘泥于画上的内容，而产生超出画外的想象，增大了“萧寺图”的人文内涵。

如果宋朝真有人请教燕文贵萧寺画的重点，燕文贵可能会说，“除了寺院的含而不露，重要的是要突出悲秋的感觉。当然，如果你技巧够好，悲冬也行。你看最近得高分的画手们，哪个画的是欢天喜地？最起码要学会表现寒士潦倒穷困的萧条模式，木叶凋零的秋天，隐约可见却遥不可及的寺院，加起来才是高分的秘诀。如果实在是伤感不起来，就想想在座的各位都考了多少年，是不是最开始的那批考生再见面都要叫别人一声大人了。什么？你伤心不起来，右拐好走不送，画院不适合你，广阔天地，你在其他地方也可以大有作为。”

在北宋，“萧寺图”的流行并不是大家真的生活有多苦，反而因为朝廷礼遇文人，大家生活都还不错，只不过市面上流行“悲愁凄婉郁塞无聊者之言”。画工们为了迎合潮流，自然学会了投其所好，画唐朝流行的青绿山水是画，画当下凄婉寒林也是画，于是悲愁凄婉的“萧寺图”就这样大行其道了。

作为“萧寺图”的另一个主角，寺院也是让北宋人又爱又恨。虽然文人们喜欢参禅礼佛，但是耗费朝廷大笔财政的建塔费用经常会引来大臣们的愤怒，有耿直的大臣曾说，看上去越是金碧辉煌的佛塔寺院，越是涂满了民脂民膏。北宋著名的开宝寺塔就是一个典型的例子。这座由宋太宗敕建的佛塔，坐落在内城外的东北角，一度是开封最显眼的地标。

据说这座寺院塔身曾放出过金光，然后这种祥瑞似的消息传出后，就得到了皇家大量的赏赐。但是过了一段时间，在一次雷雨天气中开宝寺塔被闪电击中了塔身，闪电引起的火灾把它烧成了灰烬。宋仁宗提出重修，受到了群臣反对，因为重修花费的钱财数目过于巨大。但最后，宋仁宗还是力排众议、一意孤行地重新修建了。

赵昌
北宋色彩最好的花鸟画家

《花篮图》揭示了宋朝男人爱戴花的癖好

二月十五 洛阳 百花争艳 春光正好

传说中的二月十五是花神玉女的生日，在这一天，人们摆脱了冬天的寒冷，为了庆祝百花的盛开，身着盛装，呼朋引伴地在春天的气息里徜徉。真正做到了城中人人有花，家家有花，“洛阳之俗，大抵好花。春时城中无贵贱皆插花，虽负担者亦然”。

“搀先四日花朝节，红紫争罗列。传言玉女降生朝，箕宿光联婺宿灿云霄。媥衣红袖齐歌舞，称颂椒觞举。君仙列侍宴瑶池，王母麻如同寿更无期。”这是湖上画舫传来的吴侬软语，辽阔的水域上散落着大大小小的花船，人在画舫上笙歌一片，著名的伶人们都在用自己喜欢的词唱着花朝，水面上时不时飞过的鹭鸶也在共享这片热闹，各色装满鲜花的船上，花和人一样娇俏。

水上比赛一样唱着曲，地上也毫不逊色，有和朋友一起去街上闲逛宴饮的，也有和家人亲戚去园林看花集会的。街上大大小小的铺子都费尽心思地用不同的花装饰着店铺，人们的手中也会拿着几朵花，街边小贩的叫卖声更是清奇可听：“月季春，万花烂漫，牡丹、芍药、棣棠、木香，种种上市。”这些花都用马头竹篮装好，卖花的声音也成了这热闹的一部分。这动人的叫卖声被陆游听去，就有了：“小楼一夜听春雨，深巷明朝卖杏花。”各色花的争奇斗艳让人目不暇接，春天的气息一下就浓烈了起来。

白日里吃累了，逛累了，可以先回家好好歇一歇，毕竟重头戏都在晚上。难得没有宵禁，这样的肆意一年也没有几回，就着月色伴着二三好友，有绿蚁新醅酒，有红泥小火炉，从诗词歌赋说到悲喜哀苦，最后都化进这一口酒里。有道是：“有花无酒头慵举，有酒无花眼倦开。好是西园无事日，洛阳花酒一齐来。”

“莺花世界春方半，灯火楼台月正圆。”这一天的月光是柔和清亮的，地上闪耀着灯火的则充满了热烈奔放。除了高门大院的灯火，各种酒楼高高低低挂满了不同颜色的灯笼，街上被装点得流光四溢，通往园林楼台的道路上也都是灯光，像是天上的星星散落各处。这样的景色引人流连，而另一种景色就让人忘返了。俗话说月下看美人，另有一番情趣。高高搭起的台子上，就着动人的曲子，月光下的美人正在翩翩起舞，身上的绯红衣衫不时被风吹动，如云的鬓发上簪着的鲜花也在轻颤，起转腾挪间，看舞人的心都跟着无酒自醉了。

赵昌的《花篮图》绢本设色，纵 22.7 厘米，横 22.4 厘米，藏于东京国立博物馆。图中画了一只编织的竹花篮，右侧装有雏菊，左侧装有蜀葵。蜀葵数枝含苞待放，而雏菊花开正好，均已盛放。整个竹花篮有着高高的底座和复杂花形的篮筐、篮鋬，编织得很有皇家气息。但是这幅画里面的花，在宋朝人看来，如果不是随便把两种花放到一起，那插花师可能就是个喜欢极简风的选手。

从流传下来的表现插花的画可以看出，宋朝的插花篮，夏天的花篮一般用盛放的蜀葵做主花，辅以含笑、石榴花、栀子花、萱草，整体明媚的色调展现出夏日的活泼；冬天的花篮一般用带叶的大红山茶做主花，配上一些冬季的花卉，如绿萼梅、白水仙、蜡梅、睡香，为寂寥的冬季添上一抹亮色。宋朝人因为爱花，各类花卉的种植与销售都是盛况空前。北宋时最著名的花都在洛阳，“唯有牡丹真国色，花开时节动京城”，十种最著名的牡丹花大多与洛阳有关。宋朝人在牡丹盛开之时，还会举办“万花会”一起赏花、品花。

只能摆在家中的花篮，或者插在花瓶中的花，已经不足以展现宋人对于花的喜爱，他们开始研究怎么才能让花在身上更合理地出现，于是就有了簪花。当然，簪花这个事，汉朝的妇女儿童就很喜欢。到了宋朝，簪花仍旧很受欢迎，但是簪花的对象换成了文人士大夫。潮流的风向标宋徽宗每次出游回宫，都是一副“御裹小帽，簪花，乘马”的打扮，身边随侍的人也都赐花佩戴。天子都这样“亲身示范”，百姓自然紧跟其后。《东京梦华录》形容过当时的汴京街上：“游人如织，子弟多有簪花者。彼女子争睹围观者众，有甚者，窃羡之，低蛾眉，其状若狂。”

不仅如此，宋徽宗还制定了详细的簪花准则，在遇到重大的节庆日时，他都会给人赐花。他的贴身侍卫要戴翠叶金花，意味着可以自由出入大内；寿辰或者接待使臣要用绢帛花；平时的小宴会，用滴粉缕金花等。到了宋真宗时期，男人簪花就像百官的朝服一样，什么官位戴什么花、戴几朵花，都是有明文规定的。杨万里的诗中写道：“春色何须羯鼓催？君王元日领春回。牡丹芍药蔷薇朵，都向千官帽上开。”所以如果有幸回到宋朝，就能看见苏东坡的头上戴着牡丹，黄庭坚戴着黄菊，邵康节的头上还戴着杏花。想想朝堂上一群年龄体态各异的大男人，戴着花在谈论国事，现代电视剧都不敢这么演。

鲜花毕竟有季节性，所以除了鲜花，宋朝还有很多像生花，一般是由绢类织物制作，后来还常用琉璃做假花的原材料。宋度宗时，宫中流行簪戴琉璃花，民间也纷纷效仿。时人有诗记载："京城禁珠翠，天下尽琉璃。"

《双兔图》背后酒楼里的兔兔十八吃

在郊外远离城镇的沙丘上，几只活泼可爱的兔子正在边吃树丛下的青草，边闲聊。

"听说了吗，城里最近缺兔子缺得可厉害了！"一只黑兔煞有介事地说着。

"城里人抓兔子也不是一天两天了，怎么最近风声这么紧呢？"旁边的白兔不禁问道。

"我听说是新开了一家叫樊楼的饭馆，'城中酒楼高入天，烹龙煮凤味肥鲜'。而且里面的炒兔、葱泼兔可是赵祯吃了都说好呢！"

“这个赵祯是谁？兔兔明明一直都很好吃，为什么他说好就值得大肆宣传一下。”旁边矮树上停着的一只鸟好奇地问。

“大概就相当于我们兔群的老大吧，你想，老大说哪儿的草好吃，是不是兔子们都想尝一下？”

“那倒也是。哎，你说他为什么不觉得狼肉好吃呢？要是城里人都去抓狼就好了。”

“长得黑黢黢的，想得挺美。要我说，还是得有份正经工作。你看那个白兔，天天就捣个药，还被人写出来表扬一下，说什么‘白兔捣药成，问言与谁餐’。”

“不止呢，捣个药还能顺便听一下音乐，工作环境也是很好了。说是‘吴质不眠倚桂树，露脚斜飞湿寒兔’。”

“这个我也听说过，那白兔是给一个叫嫦娥的美女打工，工作地点是在广寒宫呢，还有人专门给嫦娥写诗，问她和谁做邻居。‘白兔捣药秋复春，嫦娥孤栖与谁邻’。”

“也不知道什么时候广寒宫能再扩招，我这皮毛也溜光水滑的，同样都是白兔，用谁不是用呢？”

“也只能想想了，毕竟一般人见到咱们的第一反应都是，兔之大，一锅炒不下，一半签盘，一半姜辣。”

“你这么一说，我都有点饿了，再去找个草地多吃点吧！”

“就是因为你贪吃，所以一锅才炒不下的！”

赵昌的这幅《双兔图》承袭了他作品的一贯风格，动物和植物均是精细工致、周密不苟、画法如生，每只动物的色彩和神态都栩栩如生。其中兔子的毛发透过墨迹能体现毛绒绒的质感。兔子、草地以及树丛的排布错落有致，使得整幅画面不显拥挤，还很好地突出了层次感。身为一个北宋的画家，用实际画作诠释了北宋画院的考核制度：“笔意简全，不模仿古人而尽物之情态，形色俱若自然，意高韵古为上；模仿前人而能出古意，形式象其物宜，而设色细、运思巧为中；传模图绘，不失其真为下。”

宋朝的商品经济发展极为迅速，饮食文化的发展也很迅猛，以兔子为食材的菜也有很多。在宋朝前，一般兔子都是做成兔羹、兔酱、兔脯或者裹上泥土火炭里一埋，做成“叫花兔”。到了宋朝，各种各样的烹饪技术跟着餐饮业的发展成熟起来，兔子这类野味的做法也就越来越多了，煎、炒、烧、烤、蒸、炖、煮，样样俱全，像签盘兔、炒兔、葱泼兔更是备受宋朝人喜爱。因为有的菜式做法过于烦琐，人们是不在家里吃的，一般都是去酒楼吃。

北宋时期，最著名的酒楼大概就是樊楼了，也叫白矾楼，“乃京师酒肆之甲，饮徒常千余人”。一个可以同时接待上千人的酒楼，在现代也算是规模不小了。后来又改名叫丰乐楼，大概就像现代的酒楼一样，改一次名字算一次店面升级，从三层扩建到五层了。“宣和间，更修三层相高，五楼相向，各有飞桥栏槛，明暗相通，珠帘绣额，灯烛晃耀”。

樊楼不仅有美食美酒还有美女，据说宋徽宗就是在樊楼夜会名妓李师师的。当时宋徽宗在西楼与李师师相会时，樊楼的西楼就不再接待其他客人。宋代诗人刘子翚也曾留下关于樊楼的诗句：“梁园歌舞足风流，美酒如刀解断愁。忆得少年多乐事，夜深灯火上樊楼。”毕竟是没有宵禁的朝代，夜生活的丰富可能不亚于现代人了。

樊楼的菜色著名，酒更是让人流连。据说樊楼当时独家酿造了两种美酒：一种叫作旨，一种叫作眉寿。两种酒各有各的味道，令人魂牵梦绕。每天上缴给官府的酒税就高达两千钱。从这个数字就能看出，樊楼的生意到底有多火爆，宋朝人民的消费能力有多强了。

在开封，兴盛时流动人口能达到上百万人，樊楼只能算是规模最大的，但是不能满足百万人的餐饮需求，剩下的消费者就被其他大型酒楼和脚店消化了。有名的脚店有保康门李庆家、西安州巷的张秀家等。在宋朝著名的《清明上河图》里，能看见一个脚店，规模还挺大。而且店的前面还有像宝塔一样高耸的彩楼，非常引人注目。那些大型酒楼在酒的研发上也各有各的特点，像和乐楼的“琼浆”、忻乐楼的“仙醪”、千春楼的“仙醇”等也是各位饮者的心头好。当时还没有出现度数较高的蒸馏酒，各种酒楼作坊酿造的一般都是以糯米为原料、加曲酿出的低度米酒。脚店一般都是从大型酒楼进酒卖，樊楼酿的酒就能提供给上千个脚店，这样不用自己酿制，成本降低，利润自然就升高了。

等到了南宋，虽然没有了高大上的樊楼，都城临安城中的著名酒楼也有很多，像春风楼、太和楼、太平楼等是由官方经营的酒楼；私人经营的著名酒楼有熙春楼、三元楼、五间楼、赏心楼等。在各大酒楼中，“歌管欢笑之声每夕达旦，往往与朝天车马相接。虽风雨暑雪，不少减也”。虽然南宋的国力不如北宋，但是人们在寻欢作乐上花费的心思一点也不少。

在南宋理宗淳祐年间，兔子终于以拨霞供，也就是以“兔肉涮锅”的形式再次引发士大夫们的追捧，林洪撰写的《山家清供》就详细地记载了这种兔肉火锅的做法。

易元吉
以画猴闻名于世的画家

《猴猫图》彰显了狸奴无人能敌的魅力

时间：宋朝某年。

地点：苏东坡家门前的歪脖子树下。

主要动物：狸奴，一群。

“都静一静，静一静，马上就要开始说事了！”

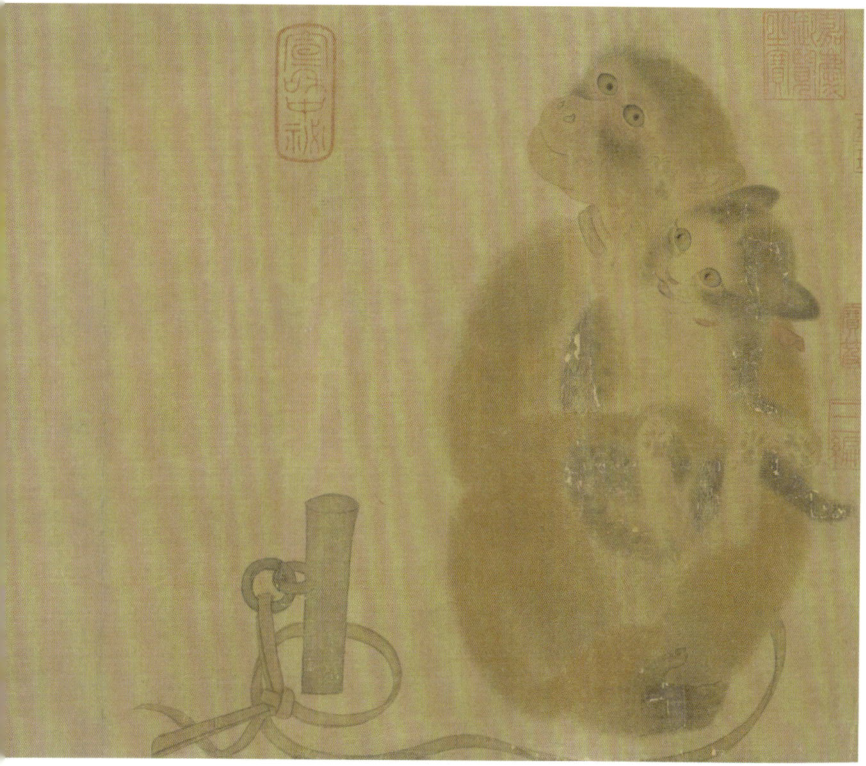

“今天的主题是：怎样打败苏东坡。”

“咳咳，鉴于有些狸奴是新来的，我先简单说一下，在经过我们数代的努力之后，我们狸奴成功从捕捉老鼠这种脏活累活里解脱，摇身一变成为了现在文人们的新宠。但是呢，最近京中有了点不和谐的声音，为首的就是苏东坡，他竟然抱怨说：‘养猫用以捕鼠，不可以无鼠而养不捕之猫。’什么意思？还有狸奴在下面问什么意思，课代表记下来，这种没文化的狸奴不能出现，回去好好补补课，不努力学习，你连那些人是在夸你还是骂你都听不出来！这句话是说，猫就是用来抓老鼠的，不抓老鼠的猫没必要养。你们听听这是什么话，人家陆游说的是‘溪柴火软蛮毡暖，我与狸奴不出门’。多温馨的景象啊！还有‘惭愧家贫策勋薄，寒无毡坐食无鱼’。还要担心亏待了我们，就他苏东坡，非要走实用主义的路线，快想想有没有什么办法让他意识到我们的重要。”

“首先，得让苏东坡有一只猫，然后才能意识到我们的重要。”

“对对对，那怎么能让他有猫呢？”

“我，我有办法，天天零食吃不完，闲来无聊，我养了一只老鼠……”

“咦……这个爱好，过于特别了。”

一阵窃窃私语之后，众猫散开。

几日后，苏宅外。

快来看，快来看，苏大人最新力作《黠鼠赋》：

“苏子夜坐，有鼠方啮。拊床而止之，既止复作。使童子烛之，有橐中空，嘐嘐聱聱，声在橐中。曰：‘嘻！此鼠之见闭而不得去者也。’

发而视之，寂无所有，举烛而索，中有死鼠。童子惊曰：‘是方啮也，而遽死耶？向为何声，岂其鬼耶？’覆而出之，堕地乃走。”

“大人家这只老鼠挺狡猾啊，还会装死！”

“是啊，是啊，要说对付老鼠，那还得是靠猫啊，我家有小猫，晚点给大人送一只。”

胡仲弓曾无奈写下《睡猫》：“瓶吕斗粟鼠窃尽，床上狸奴睡不知。无奈家人犹爱护，买鱼和饭养如儿。”家里的老鼠把米都给偷吃完了，猫还在呼呼大睡，想要说这猫两句，家里人立马阻拦，这是跟养孩子一样养着的猫，怎么能抓老鼠！胡仲弓还能怎么办，还不是要原谅它……

前文所示的《猴猫图》是以画猴闻名天下的易元吉的作品，有一只黄山猕猴，脖子上套着粗绳，绳子的另一头被系在地上。这时有两只小虎斑猫，打打闹闹地结伴路过此地，没注意到路旁的猴子，说时迟那时快，猴子猛地出手挟持住其中一只，另一只被吓了一跳，毛都立了起来。猴子本身性子急躁，尽管被人圈禁，行动受限，但也无法阻挡它活泼捣蛋的天性。被它抱在怀里的小猫，瞠目结舌地侧着脸，惊恐地张嘴直叫着，似乎没想到，行走“江湖”这么多年，竟然被一只猴子撸毛了。躲猴子到另一侧的小猫，全身拱起，一边全神戒备着，一边气得回头对着猴子怒目嘶吼。那猕猴却是神态自若，微仰着头一脸得意的表情，好像在不屑地对小猫说：“你能奈我何？”

时隔千年，画上猴子和猫咪的神态仍是栩栩如生，呼之欲出，这得益于易元吉平日的仔细观察。不过有个很有意思的事情，易元吉是以画猴闻名的，所画的猴子被称为“世俗之所不得窥其藩”。然而这样一个痴迷于猴子的人，都没能逃脱猫咪的魅力，足以说明，在宋朝没有为狸奴心动的文人雅士很少了。

据说黄庭坚家中的老鼠非常嚣张，在夜里翻盆捣罐吵得他根本无法入睡，后来听说朋友家的猫要生小猫了，就赶紧买了鱼用柳枝穿起来去求小猫。并写《乞猫》一首：“秋来鼠辈欺猫死，窥瓮翻盘搅夜眠。闻道狸奴将数子，买鱼穿柳聘衔蝉。”其中“衔蝉”也是指猫咪，宋代求猫称“聘”，像是家里要多了一位新娘一样的感觉。

而陆游与猫更是有趣，他写猫的诗真的非常多。最开始是因为饱受老鼠啃书之苦：“向能畜一猫，狡穴讵弗获？”想养一只猫捉老鼠：“连夕狸奴磔鼠频，怒髯噀血护残囷。”之后不久，他就从邻村得到了一只非常勇猛的白猫：“裹盐迎得小狸奴，尽护山房万卷书。”白猫捉了很多老鼠，陆游特别开心，写了一首《鼠屡败吾书偶得狸奴捕杀无虚日群鼠几空为赋此诗》，看这巨长的题目都能感受得到陆游的喜悦。一人一猫经过长时间的相处，陆游越发喜欢这个小伙伴，还因为猫只抓老鼠，不吃他做的饭失落。他的《得猫于近村以雪儿名之戏为作诗》写道：“但知空鼠穴，无意为鱼餐。”又说这只猫是我前生的小书童，特意来陪伴我终老山村的。“前生旧童子，伴我老山村。”晚上冷了还有“狸奴毡暖夜相亲”，画面太温馨，羡煞旁人。

至于宋朝的其他文人，养猫、给猫写诗都是常态化操作了。养猫这种事情历朝历代都有，但是到宋朝这种程度的，还是比较少。究其原因与宋朝的环境是分不开的。历代的统治者都认为：“王者虽以武功，终须以文德治政。”所以宋朝在官方的大力推崇下，文化事业发展得很快，图书种类也是多种多样。但是宋朝鼠患又非常严重，养猫可以保护粮食，也可以保护自己的书籍，这就给猫走进家门提供了必要条件；另一方面，养猫还有一个目的是观赏和排解寂寞，不得不承认，毛茸茸的小动物确实可以治愈人的孤单。在当时的开封市集中，有专卖猫粮的店，写上“养猫则供猫食并小鱼”字样。只能说，宋朝人对猫是真的宠。

《缚猴窃果图》成就了不做第二的画猴大家

如果说易元吉上一幅《猴猫图》的存在是因为单纯的喜欢，那猿猴的存在就是易元吉的真爱了。只是谁能想到，猿猴作为一种形象接近人，公认比较通人性的动物，被人们喜爱的另一个原因竟然是因为名字，因为“猴”同“侯”。但就是这样一种名字带着贵气的动物，竟然还是易元吉这个以画猿猴而名垂后世的千古一人的退而求其次，不知道小猴子知道了会不会有一点点的委屈？

易元吉，字庆之，湖南长沙人。他天资聪颖，在绘画方面的天赋是毋庸置疑的，这是他后来画猿猴获得成功的坚实基础，难得的是他还有着很强的好胜之心。最开始易元吉学习画画的时候，也没想过要去研究猿猴这种有点冷门的动物，走的也是大众版的简单模式，从花鸟蜂蝶开始画起。这样画了一段时间之后，他突然发现一个问题，当时画花鸟类的画家里有一个叫赵昌的，易元吉自觉无法超越。他选择花鸟自然也是因为喜欢，但是经过一段时间的学习和尝试，发现自己永远只能在别人之下，对于想在画画上有所成就、想争第一的易元吉来说，真的不亚于晴天霹雳。

在没办法说服自己接受“可能永远第二”这个设定下，易元吉毅然决然地决定，他要去画一个前人没有涉及的品类，于是转攻猿猴。接下来问题又来了，猿猴又不像花园里种的花，足不出院就能看到，想要看见真正的猿猴，了解它的形态，必须近距离观察。于是易元吉擦去为不能画花鸟流下的眼泪，背上简略的行囊，进山了。

易元吉开始经常进入荆湖的深山之中，近距离地观察和揣摩猿猴的生活习性，当然遇见獐鹿之类的他也顺便一路观察了。每当看见山间美景、灵兽，都用心记录着，最后用画的形式表现出来。后来在有了些许积蓄之后，更是在长沙的住所后建造了一个小花园，有

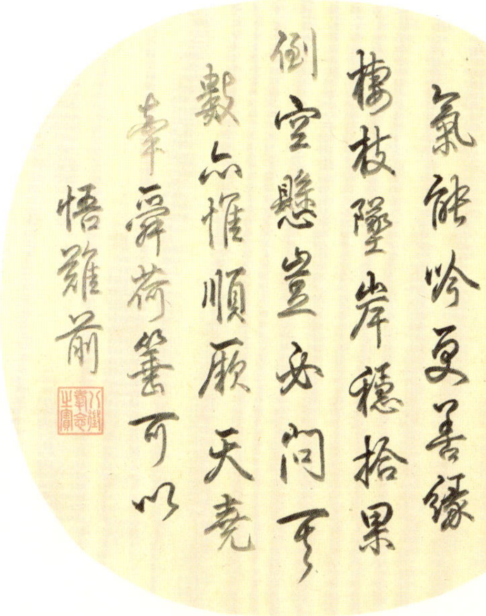
好静工引
氣能吟夏署緣
樓枝墜岸穩拾果
倒空懸豈必問乎
數點惟順顧天堯
幸舜荷篆可以
悟雍前

池水、假山，种植了很多梅菊等花草，还驯养了不少水禽山兽。这样近距离的日日观察，他笔下的动植物形态越来越逼真，形象也越来越惟妙惟肖了。

这幅《缚猴窃果图》里面有一只看上去可可爱爱的小猴子，一只手抓着木梁，整个身子都在努力向下，想要捡起散落在地上的果子。虽被绳子绑着，却仍旧能看出神情里的狡黠、机敏，猴子的四肢刻画得非常细致，形似更神似。整幅画看上去好像下一秒这只猴子就能得偿所愿，把地上的鲜果拿在手上，啃在嘴里。要是猴子因为自己没拿到鲜果而露出沮丧的神情，一定会有人愿意奉上一堆的水果，告诉它，吃，放心吃！易元吉不给，我给你。在易元吉的笔下，猿猴如天真稚子一般调皮、贪玩，却让人不忍心责怪。

猿猴在传统文化中，一直被视为有灵性的物种。作为最古老的灵长类动物，猿猴最开始受到人们重视是因为远古的动物图腾崇拜，加上在中国还有十二生肖做基础，国民度大大提高。在宋朝的时候，随着各种传统文化的加持，加上易元吉这样给力的助攻，猿猴图的发展迎来了一个小高潮。那时候的猴画在民间绘画中十分风靡，大量作品以猴为表现题材，达到了猴画的顶峰。

在易元吉的猴画被认可之后，延续着他风格的各类猿猴图便佳作迭出，比如传为毛松绘的《猿图》、宋朝佚名的《枇杷猿戏图》等，这些作品以写实风格描绘猿猴的生活百态，更隐含着一种吉祥的寓意。据说那时候赠送好友，一幅猴画就足以表述“祝你封侯”的祝愿了，当然也有不少画家以此自勉。

当时宋朝还处于推崇佛教的状态，随着禅宗的兴起，猿猴图就不仅仅局限在美好寓意上了，在很多文人的画里还表现出浓浓的禅机，体现出“心猿意马就羁束”的禅境和禅趣，但是这种意象毕竟是伴随着佛教的兴起。等到宋朝后期，这种猴画的禅意就逐渐弱化了。不过有趣的是，也因佛教交流的缘故，宋朝的很多猴画都流传到了海外，尤其是日本，对日本画作的影响持续了很久，也算是宋朝的文化输出了。

虽然在宋朝，猴画的禅意被弱化了，但是对于中国人来说，“封侯”二字就足以让这个画种生生不息地流传下去。之后的猴画，蜜蜂、蜂窝的出现就是直白地在说“蜂猴”了，而且母子猴、群猴出现的频率也有所增加，寓意着家庭生活和美、健康长寿等美好的愿景，在刻画出天伦之乐的同时也包含着一种望子孙封侯的心理。这种质朴的愿望，虽然世俗但是更加符合芸芸众生的心理，从而使这一题材峰回路转地受到了更加广泛地追捧。

不得不说，猴画这个题材的起起落落也有点像易元吉的选择，虽然一个寓意弱化了，但是另一个选择还是成就了他。所以说，做人有时候学会做选择很重要，如果易元吉当初固执地想在花鸟画上面继续深入研究下去，有赵昌珠玉在前，他很难超越。虽然以他的天分和努力，可能会获得“赵昌第二”之类的头衔，但这却难以达到他的理想。从这件事情上我们也可以看出，天分和努力都很重要，但是选对方向可能会事半功倍。

《聚猿图》宋朝人笔下的“花果山”

嗷嗷的叫声在原本并不寂静的森林里传扬开来，这是猴王在召集群猴开会了。既然是猴子的会议，自然也不能老老实实地呆在那，等着猴王说话，蹲着听、坐着听是常规操作；还有尾巴卷着树枝，倒吊着听的；还有不愿意从猴妈身上下去，也听不懂猴王说什么的，在那儿跟猴妈边玩边听的；几只老猴还是比较有威严，背着手站在树枝上。地点就更是随心所欲了，树上、石头上、水边……

“都严肃一点，说正事呢。那边那俩，就说你俩呢！那俩准备往小溪跳水的，给我老实一点，水花溅得到处都是。”费尽心力地组织了半天秩序，猴王终于清清嗓子，准备开始说正事了。

“今天会议的主要内容是，我们好像丢了一只猴子，听说在人类那里卖艺为生，这也没什么，但是听说它还当着人类的面撸猫了，严重暴露了我们的弱点。这一点我要强调一下，不能暴露，要是再有狡猾的人类，用猫来吸引我们怎么办？既然是弱点，必须藏好，不能给人类可乘之机。还有就是，我总感觉最近家里猴子数量有些不对，大家互相看看，是不是谁家还多猴了？”

“啊，听说丢猴子了，抱紧我家小猴瑟瑟发抖。”

“哎呀，别瞎想，咱们这离人太远了，不一定是咱们这儿的。而且跟人类混还有猫可以撸，也不错啊！”

“什么话，是林子不好玩还是小溪水不深，还是自由比较好！”

“你们几个别三三两两地在那儿研究谁去跟着人类表演杂耍，先研究研究家里的猴是不是能对上数。”

“大王这么一说，我也觉得咱们猴群数量不太对，但是我们白猴好认啊，一共就这几只。虽然，虽然我也数不清几只吧，但是肯定是不多，我都认识。”

“你这是说我们黑猿多吗？我们多是多了一点，但是我们谁家是谁家的还是知道的。”

“嗯，你们说得也有道理。”有只年长的猴子说道，“我倒是发现了一个可疑的地方。”“快说快说，这时候卖什么关子？”那只年长的猴子咳了咳，说：“你们没发现，咱们聚会的时候，有只‘猴子’一直在地上，从来没见它上树，还时不时冲我们发出‘嘿嘿嘿’的笑声？”

御题

“长老说得有理，大家听我口令：孩儿们，给我冲啊！砸……”

翌日，有人看见易元吉带着一脸的伤，还有一堆野果回家了，嘴里还不住念叨着：“被这群猿猴发现了，不能再跟，得换下一群了。”

这幅《聚猿图》不仅是易元吉的得意之作，而且也被视为北宋中期墨花墨禽的代表作之一，现收藏于日本大阪市立美术馆。画上有一个庞大的猴群，这种众猴嬉戏玩闹的景象，除了易元吉的画，可能就是吴承恩的书中能见到了，似乎大圣麾下花果山的群猴也是这样欢笑打闹的。一众猿猴嬉戏、栖息在树林、溪流山川深处，姿态极其悠闲自得。在画面的最开始，幽深的山林中有溪水潺潺，几只调皮的猿猴有的在玩水，有的似乎在聆听水流的声音，画卷徐徐展开，出现在我们面前的是十几只姿态各异的猿猴自得其乐的热闹景象：有懒洋洋趴在树上的，有藏身洞中玩捉迷藏的，有挂在树枝考验树木承重能力的，有正忙着抓痒的……

虽然都是黑白二色的猿猴，但是每只都有自己的形态，都有自己的特点。黑猿用浓墨点染画出，白猿则用了“倒染法”表现，每只猿猴都栩栩如生、活灵活现。拖尾处有著名画家钱选的题跋：“长沙易元吉善画，早年师赵昌，后耻居其下。乃入山中隐处，阴窥獐猿出没，曲尽其形。前无古人，后无继者。《画史》米元章谓在神品，余尝师之。今见此卷，唯有敬服。吴兴钱选舜举跋。”不得不说，易元吉的猿猴征服了太多人。

我们今天能得知易元吉，是源于他高超的画技，但是他的画技在他生存的年代，给他带来的未必是幸事。当时潭州知州刘元瑜对易元吉的画作很是欣赏，就把他补为州学助教。易元吉得到这个官职后很高兴，还在自己的画稿上署“长沙助教易元吉画”的题款。但没过多久，刘元瑜就因擅自提拔易元吉而被降职，易元吉的仕途也暂时告一段落了。

如果说上次只是仕途中断，那另一次被赏识，就要了易元吉的命了。当时正是宋英宗赵曙继位第二年，汴京景灵宫中的孝严殿刚刚建成，需要大量画师对宫殿进行装饰，朝廷对外征召了很多画师进宫，其中就有易元吉。他上京前很高兴地对朋友说，自己平生的技艺终于有可以展现的地方了。

宋朝有过多次绘制大型壁画的活动，尤其是佛教壁画。像北宋初年，就因为佛教兴起，重建了很多寺院，著名画师高益就给大相国寺画过壁画；等到宋真宗时期，因为朝廷对外战争失败，还想挽回颜面，就自己给自己制造“天书”，之后还为了供奉“天书”建造了玉清昭应宫，为了给玉清昭应宫画画，当时征召各地有名的画师就超过了三千人。到了宋英宗时期，给孝严殿绘壁画，可以说是当时画师们的一件大事。当时孝严殿中不仅有宋朝开国的一些重要事件的记录，还有宋仁宗赵祯时期的七十二名大臣的画像，这些易元吉自然是插不上手，他最开始奉命画的是御座之后的屏风。

易元吉兴高采烈地开始了他的“展现”，画了太湖石、孔雀、鹁鸽、牡丹，画中处处精妙的景色使得易元吉名声大振。朝廷也给了他更多的任务，他开始展现自己最擅长的题材——画猿猴，在开先殿西厢画《百猿图》，但是还没有画完就暴毙身亡了。有人说是生病，但是更多的人认为是画院有人嫉妒易元吉得到官家的赏识，给他下毒了。而且这个毒下得还比较精巧，因为易元吉经常在野外画猿猴，习惯在下笔之前，将笔尖在口中含一下，让墨浸润得更均匀。有人利用他这个习惯，将毒下在了他的墨里。

易元吉的死，使很多知道他画作的人感到惋惜。刘挚作《易元吉画猿》说:“传闻易生近已死,此笔遂绝无几存。安得千金买遗纸,真伪常与识者论。”如果不进宫,可能易元吉还会每天跟着猿猴跑,世上也会多很多关于猿猴的画吧!

惠崇
备受赞誉的九画僧之首

《沙汀烟树图》毫无烟火气的江湖小景

如果惠崇开直播，那么弹幕一定是：

给惠崇大大比心，大大的画好好看！

是直接夸么？还是要先啊啊啊？

你们这些没文化的，夸大大让我来：画史纷纷何足数，惠崇晚出吾最许。

啊啊啊啊，前面是宰相大人（寇准），宰相大人也喜欢惠崇大大的画吗？

活久见，表白一下宰相大人！

我我我，我要说，大大画作的“潇洒虚旷之象，人所难到也”。

啊，郭若虚大人也来了。

听闻惠崇开了直播画画，我也来支持一下，“竹外桃花三两枝，春江水暖鸭先知。蒌蒿满地芦芽短，正是河豚欲上时。”为惠崇画作《春江晚景》的题诗，献丑了，献丑了！

这是什么神仙直播间，东坡大人也出现了。

东坡大人，你上次直播教的东坡肉做法我已经学会了，特别好吃，什么时候教新菜啊？

吃播请去隔壁，不要在惠崇大大的直播间说。

大大的画作就是神品，不接受反驳，我是米芾，我为大大的画作代言。

前面的快闪开，大大的画还用你代言？也不红，倒是爱蹭。

惠崇笔下开生面，万里晴波向落晖。

梅影横斜人不见，鸳鸯相对浴红衣。

前排围观黄庭坚。

不懂就问，为啥黄庭坚一出现大家都这样？

那是个有名的溜达粉，见谁给谁写诗，本朝有名的大大几乎无一幸免！

被溜达粉笑死……

大大下播了。

可能是在避免溜达粉碰瓷……

黄庭坚：说谁溜达粉呢，你礼貌吗？

直播间已关闭，请期待主播下次开播。

如果惠崇在现代直播的话，这种盛况一定会出现，那些“粉丝们”可能会比现在这样还要疯狂。但是这些夸赞惠崇诗画的行为也值得学习，毕竟这才是为偶像加油的最好方式。

在没有直播的宋代，惠崇还是深得广大宋朝人民的喜爱，他的画作一经面世，就博得非常多文人雅客的赞誉，大家争相题诗，极尽风雅。王安石、欧阳修、苏东坡、黄庭坚等都对他的画赞誉有加。著名的书画鉴赏家郭若虚在《图画见闻志》中说：“建阳僧惠崇，工画鹅、雁、鹭鸶，尤工小景。善为寒汀远渚、潇洒虚旷之象，人所难到也。”

在北宋初期，有 9 位僧人以诗著名，他们是：建阳惠崇、剑南希昼、青城惟凤、南越文兆、天台行肇、沃州简长、江东宇昭、峨眉怀古、金华保暹。当时惠崇在绘画上取得的成就是有目共睹的，他绘画时侧重用透视的绘画技艺，把秀美山川艺术地融入画中，自成一格，脱俗不凡。

这幅《沙汀烟树图》绢本设色，纵 23.8 厘米，横 24.5 厘米，被称为是国宝级藏品，现在被收藏在辽宁省博物馆。此图是小幅山水小景，描绘了江南水乡的早春景色，水乡的初春，春江水暖，河水潺

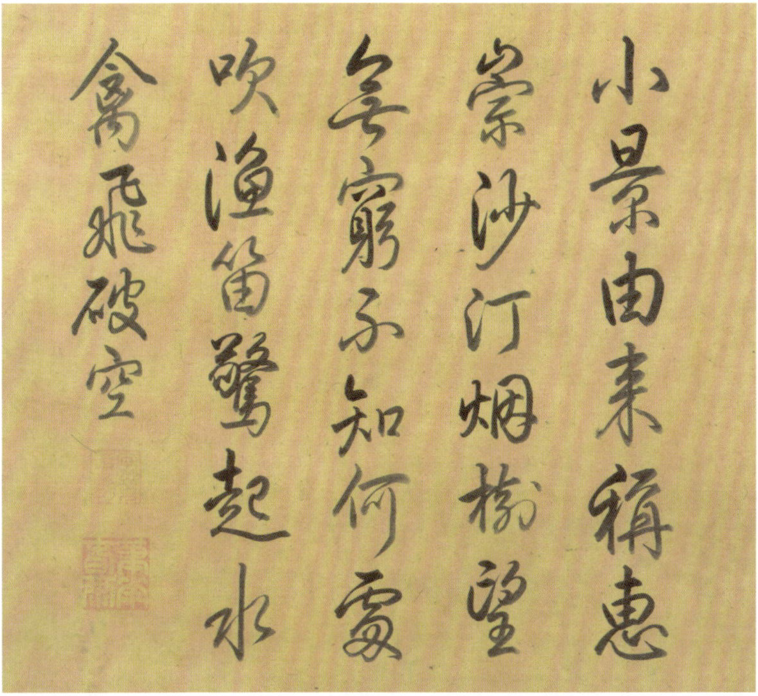

潺流动。漫长的河岸上花草密布，岸边水草正随风摇曳，河面浮萍轻动，岸旁树木丛生，杨柳刚刚冒出嫩芽，正是生机勃勃之时。左侧水面之上，有两只水鸟比翼双飞，姿态亲昵动人；还有成群的水鸟在水上，或栖息或飞翔；隔岸的树丛，高矮不一，参差有序，都笼罩在一片云烟之中，有着朦胧的空间效果。画的中部是浩瀚的江水和宽广的河床，河间的小洲（汀）上杂草丛生，也泛着生机勃勃的绿色。

此图描绘的本是初春时万物复苏的情景，但在惠崇的笔下，山石树木用墨比较浓，用笔也稍显方硬。杂草用笔点簇而成，柳树用方直线条勾勒出树干，之后再涂染色彩，让原本万物复苏的初春显示出一种空旷清幽、烟雾迷蒙的雅致画境，让人忍不住生出一种伤春之感。该幅图上有鉴藏印章五方，其中有“太上皇帝之宝”印。画幅左侧有清帝乾隆题诗一首：“小景由来称惠崇，沙汀烟树望无穷。不知何处吹渔笛，惊起水禽飞破空。”

惠崇生在闽北。他的画才、他的诗才，都离不开武夷山钟灵俊秀山水的滋养。唐末宋初之际，闽北佛道盛行，道观寺院林立，这个时候也出了很多的高僧名道。曾经自嘲“奉旨填词”的柳永对武夷山佛道的兴盛，有“千万峰中梵室开”的名句。曾有过这样一个统计，宋初的闽北，建安佛教寺院有三百五十一，建阳有二百五十七，浦城有一百七十八。故有闽北“山川奇秀而岩谷幽胜，士人多创佛刹，落落相望”之语。

惠崇的画多为江湖小景，将江南的景色用浓缩的方式表现，这种艺术风格产生于五代末宋初，但是技法的根源普遍认为是在唐代。惠崇虽然属于南方山水画派，但是在具体画法上有自己的独到之处。惠崇是典型的画僧，也就是既是画家也是僧人，在绘画上有着宫廷画师或者民间画工所没有的自由。作为僧人，要做到摒弃世俗的名利心，克制世俗的欲望。在这种出家人的心态之下，画出来的画自然少了一丝烟火气。作为画家，他不需要像宫廷画师那样奉旨作画，也不用像民间画工那样为家人生计奔波，画僧画画总是出于自己的本心，创作对于他们来说是一件表述情绪抒发感情的乐事。所以他能不为北宋初山水画坛流行风向所动，独成自法，以“当代所无”的江南小景，立足于北宋山水画坛。

人们常说诗画不分家，惠崇不光画作得到好评，诗句也是备受称赞。据说宰相寇准曾请惠崇参加自己举办的赛诗会。惠崇抓阄抓到了“池上鹭月”的题目，他没有像其他人那样坐着默想，而是绕着一方小池塘，边走边思考着。突然他用手指了指天空，笑着说：“已得之，已得之，‘照水千寻迥，栖烟一点明’。此诗功在‘明’字，凡五押之不倒，今得之。”短短两句诗，把光与色有机地调和在了一起，给人清新脱俗的美感。

《秋浦双鸳图》鸳鸯意象到底花落谁家？

几株芦苇在岸边肆意伸展着枝叶，一朵已经开败的荷花蔫耷耷地垂着头，似乎已为夏日盛放的时光耗尽了精力，连岸边的水草都跟着没精打采起来。

“咱们这儿的水草越来越少了，你说是不是应该换个地方？”一只昂首挺胸的小动物语气深沉地问。

“你随便。”另一只却懒懒地趴着，头都没抬地说。

“这是关系到我们接下来生活的大事，你怎么能这么敷衍呢？”站着的有点不开心了。

“好好好，我看着你，你说你说。”趴着的那只语气带了一点哄劝之意，将头转向了它。

“就是嘛，听其他动物说，翻过前面这座山，就有另一处水塘，水草丰美，鱼虾还很多。”

“那么远，我们怎么去啊！”

“要是靠着走过去，应该会挺远，不过我们可以飞啊，飞过去就很快了。”站着的说完，好半天都没听到回应，不由低头看向伴侣。最初，伴侣没有声音，等了一小会儿，突然暴起，用翅膀狠狠地抽向了站着的那只的头，一边抽一边说着：“你够了啊，真的是没完没了，欺负和尚眼神不好，把你从水鸭子认成鸳鸯也就算了。你还装鸳鸯装上瘾了，我配合你过过嘴瘾也行。你还要飞！还要飞过这座山！你一个飞过土包都要看风向的选手，也好意思吹！我当时要知道你这样，我还不如真找一只鸳鸯。”

“哎呀，别打了，别打了，这不是说着玩儿的吗？”站着的水鸭子这次也不保持姿态了，狼狈地躲着，又不敢完全躲……

惠崇的《秋浦双鸳图》纸本设色，纵 27.4 厘米，横 26.4 厘米，现收藏于台北故宫博物院。画上两只“鸳鸯”在河沿边休息，一只昂首挺立像在眺望远方，另一只则扭头看着自己的另一半，好像在眉目传情一样，在芦苇败荷的映衬下，整幅画都给人以秋天萧瑟虚旷之感。虽然这幅画的名字叫双鸳，但也有人说实际这是两只水鸭子。不过这也并不奇怪，对动物不熟悉的人来说，看见两只在岸边相依相偎的水禽，第一反应肯定是“这是不是就是鸳鸯？”毕竟鸳鸯“情侣”的形象过于深入人心。

鸳鸯最开始出现在人们的视野中也并不是指代爱情，而是比作兄弟的。南朝梁萧统的《文选》中有“骨肉缘枝叶……昔为鸳与鸯，今为参与辰”等诗句，就是用鸳鸯来比喻兄弟之情。等到了唐代诗人卢照邻《长安古意》有诗：“得成比目何辞死，愿作鸳鸯不羡仙。比目鸳鸯真可羡，双去双来君不见？”一句“愿作鸳鸯不羡仙”一举奠定了鸳鸯从古至今“爱情鸟”的地位。

但是需要注意的一点是，这时候说的鸳鸯，其实更接近我们现在所说的赤麻鸭。南宋《尔雅翼》说到鸳鸯，用的描述是：“其大如鹜，其质杏黄色，头戴白长毛，垂之至尾，尾与翅皆黑。”样子基本还是在说赤麻鸭，因为赤麻鸭全身多为黄色，所以宋朝最开始说的鸳鸯又有“黄鸭”的别名。

还有一种水鸟，叫作㶉鶒，这种鸟的颜色艳丽，颈部头部都有着紫色的羽毛，也经常成双成对地出现。于是就有喜好起名字的古人管它叫“紫鸳鸯”。当然这个名字也是由来已久，李白的《古风五十九首》就有：“七十紫鸳鸯，双双戏庭幽。”《拟古十二首》有：“愿逢同心者，飞作紫鸳鸯。”后来随着㶉鶒的知名度越来越高，又有很多人叫着叫着就把“紫鸳鸯”的“紫”字给省略了，直接叫㶉鶒为“鸳鸯”。

我们都知道古代的信息流传存在一定的滞后性，两种叫作鸳鸯的动物，可能在很长的时间里都是各叫各的。于是到了宋朝，就出现了一种有趣的现象，很多画和诗词中虽然都有鸳鸯出现，但是并

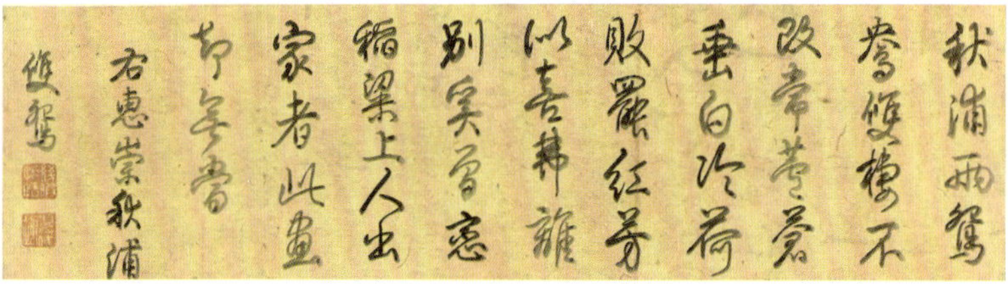

不能清晰地区分到底是赤麻鸭还是鸂鶒，反正都是叫作鸳鸯。直到很久之后宋朝人的审美替他们决出了胜负，赤麻鸭输在了颜色不够丰富上，于是在宋朝的民间开始默认，鸳鸯说的是颜值更高一点的鸂鶒。在北宋《营造法式》“彩画作制度图样”里，鸳鸯与鸂鶒甚至被交换了名字。《营造法式》将这个名字给了赤麻鸭，而把原本的鸂鶒称为鸳鸯。

前面说过的《尔雅翼》不是描写过赤麻鸭的鸳鸯吗，到后来还特别出来澄清说：“今妇人闺房中，饰以鸳鸯，黄赤五彩，首有缨者，皆鸂鶒耳。”之后又紧接着说：“然鸂鶒亦鸳鸯之类。”

写鸂鶒的诗词就更多了，朱敦儒还特地为鸂鶒创了个词牌，叫《双鸂鶒》：“拂破秋江烟碧，一对双飞鸂鶒。”辛弃疾也写过鸂鶒：“溪回沙浅，红杏都开遍。鸂鶒不知春水暖，犹傍垂杨春岸。”

鸂鶒的图案在宋朝也是大受欢迎，南宋吴自牧的《梦粱录》“夜市”条中就有所记载，在临安夜市夏秋售卖的物品里就有“挑纱荷花满池娇背心”，这里的“满池娇”也是一种服装图案的称呼，主要

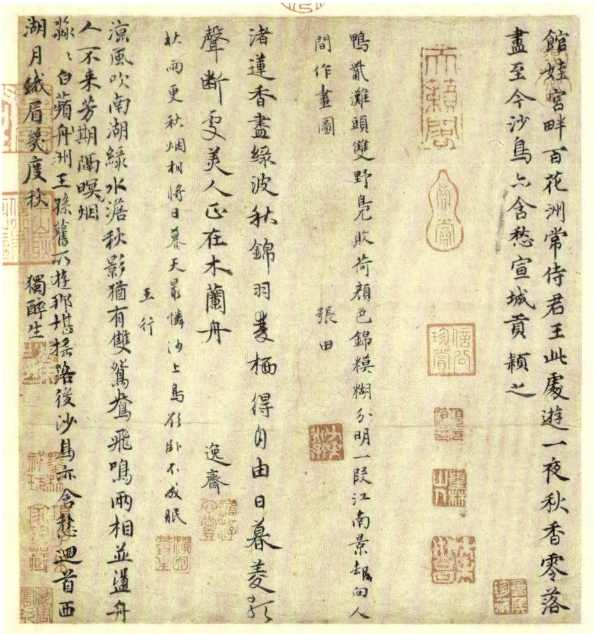
館娃宮畔百花洲，常侍君王此處遊。一夜秋香零落盡，至今沙鳥亦含愁。宣城貢穎之
鴨戲灘頭雙野鳧，欺荷顏色錦模糊。分明一段江南景，都向人間作畫圖。張田
渚蓮香盡綠波秋，錦羽雙栖得自由。日暮菱歌聲斷處，美人正在木蘭舟。逸齋
秋雨更秋烟，相將日暮天。晶憐沙上鳥，移卧不成眠。玉行
涼風吹南湖，綠水瀉秋影。猶有雙鴛鴦，飛鳴兩相並。遶舟人不來，芳期隔暝烟。淼淼白蘋洲，王孫舊不返。邪堪摇落後，沙鳥亦含悲。迴首西湖月，纖眉幾度秋。獨醉生

是指池塘中的花鸟景色，以鸂鶒、鹭鸶、水鸭等传统禽鸟纹样为元素，一般用这些喜欢成双入对的水鸟来表示对恩爱美满的期许。

宋代的金帔坠，也有很多是用成对鸂鶒作为纹饰。鸂鶒一般相向或交颈而立，口中衔着同心结，取“鸳鸯交颈期千岁，琴瑟谐和愿百年”的寓意。这种寓意甚至也被皇室所看重，不少宋朝皇后礼服所戴龙凤花钗冠上就点缀着鸂鶒。换个角度倒也不难理解，毕竟放在衣服和饰品上的图案，好看一点也没什么不好。不过宋朝人大概不知道的是，赤麻鸭是“一夫一妻”，比较忠于伴侣的；而鸂鶒则是“一夫多妻”的，实在算不上古人口中的“忠贞之鸟”。

吴元瑜
宋徽宗的老师

《鹳鹆红叶图》帝师笔下的精神八哥

天朗气清，微风和煦，一座不大的凉亭里，时不时传来叽叽喳喳的叫声和说笑声。

“欧阳大人这画眉鸟真是秀美啊，看着就很有灵性！”

“哎哎哎，张大人过奖了，鸟中我比较喜欢画眉就是了，正所谓‘百啭千声随意移，山花红紫树高低。始知锁向金笼听，不及林间自在啼’啊。我看你这次没带那只鹰？”

“唔，那鹰倒有些神骏：‘剑翎钩爪目如电，利吻新淬龙泉锋。’但就是觉得它还是比较喜欢自由自在吧，趁着还能自己找东西吃，已经放了。”

“哈哈哈，张大人这是养久了有感情了，我这新购入的，这是：‘千金新购入雕笼，恨在娇声断续中。’正是兴致浓的时候，断然舍不得这么快放走。”

“张大人的做法我能理解，都有一时的恻隐之心啊。我前两天

元瑜

还救下来四只大雁，只盼它们能：‘唳月摩云须有便，莫教更作不能鸣。’”

“洪大人在燕昭馆勇救大雁的事情我也听说了，据说稍晚一步，那厨子就动手了。”

“欧阳大人说笑了，只是一时不忍心而已。”

“洪大人是真正爱鸟之人啊，我前几日见一只鸟：‘锦作双翰褐作衣，雕笼蓄养亦多时。’只是因为多学会了几句话，就迟迟不能被主人放回山林啊。”

“郭大人不必感伤，我说一趣事与你听。‘笼中畜一鸡，饮啄颇云足。其鸡浑不顾，引颈欲逃出。旁鸡大爱之，贪食笼中食。回旋欲归笼，不省笼拘束。’虽然都在笼中，可未必就是坏事，各有各的看法。”

“许大人说的是，所以你今天带来了一只鸡？”

“不只是鸡，我还带了莲子，让大家尝尝小鸡二色莲子羹的美味。”

“许大人破费了，破费了……”

原来谈论鸟雀的声音低了下来，接下来的话题则是怎样做好小鸡莲子羹以及鸡肉的若干种做法了。

翌日，吴元瑜家中。

“啾啾啾，呀呀呀……”

“老爷养的那只鸟今天怎么突然叫了？”

“我听门房说，昨天这鸟像是跑到一个亭子上去了。许是看到什么吓到了？”

如果书童能听懂鸟语，大概就会明白，昨日杀鸡的场面把自家的鸟给吓坏了。

吴元瑜的《鸜鹆红叶图》画面处理得非常干净利落，却又非常传神，画上无论是树枝还是红叶都是形神兼备。那只正在张嘴高歌的鸜鹆更是栩栩如生，通身除了翅羽末端有少许白色外，均为黑色，用墨色染出具有金属光泽之感，身上的羽毛簇簇分明，鼻羽自上喙长出，圆润不失力量感，描法纤细、鲜润。大片的留白却不显得画面空寂，颜色的对比更是使得整个画面充满了动态感。

吴元瑜不愧是能做宋徽宗老师的人，他在当时的花鸟画家里，也算是杰出的一位了。吴元瑜虽然是宋徽宗的绘画老师之一，但他却是个武官，曾任端王府知客，后来更是官至武功大夫、合州团练使，在宋朝的画家里是难得的“文武兼修”啊。

吴元瑜画上的鸟叫鸜鹆，即鸲鹆，这两个名字很多人可能不知道，它的另一个名字“八哥”就可以说是人尽皆知了。宋朝的文人很多都养鸟，也爱鸟，那时候鸟的名字就透着雅意，像金翅、留春莺、鹅黄相思、紫膀绣眼等。不过很多鸟都是只知道名字，不知道具体是什么鸟，像芦花角全、青菜、白角全眉、金肚细瓮、白青头，猜都不知道从哪儿猜起。在这些鸟中，八哥虽然没有百灵、画眉它们样子好看，但是足够亲近人，也聪明，是少数不用笼子，可以放养的鸟类之一。养它的人也不在少数，晁补之也有诗说：“一倒南斋玉宇醇，绝胜不醉楚江滨。骊驹且莫催归御，鸲鹆何妨属坐宾。”

养鸟自古就被认为是风雅之事，在唐朝时，养鸟驯鸟在民间就已经颇为流行，到了会吃会玩的宋朝更是风靡起来。宋代皇室作为潮流的风向标，更是将养鸟玩儿出了新高度，宫中“珍禽异物，各务其丽”。黄居寀在北宋任翰林待诏时，“所画皆禁御珍禽瑞鸟，奇花怪石，今传世桃花鹰鹘、纯白雉兔、金盆鹁鸽、孔雀龟鹤之类是也”，在他的《山鹧棘雀图》上还有宋徽宗的题字，可能不仅是因为画画得好，更因为宋徽宗也喜欢画上那只鸟。

前面说宋徽宗很喜欢养鸟，皇帝的喜欢自然与平民的喜欢不一样。据说他在成为皇帝前就很喜欢养鸟，等到他当了皇帝，成立了自己的官窑，还曾下令烧制精致的鸟食罐，由此开启了宋朝烧制瓷质鸟食罐的历史。像龙泉窑莲花鸟食罐、湖田窑鸟食罐等。他还在东京汴京城建造了一座万寿山，特聘请驯鸟高人薛老头，吸引了无数鸟儿呼朋引伴。

宋徽宗的儿子赵构也继承了父亲的爱鸟之心，据说在靖康之变发生后，他在逃难的过程中遇到一只脚上挂着“宣和”二字小金牌的鹦鹉。在赵构吃饭时，鹦鹉还会喊：“卜尚乐过来！”见没人理自己还气愤不已说：“卜娘子不敬万岁。”原来卜娘子是宋徽宗的宫廷尚乐官，宋徽宗吃饭时，卜娘子负责指导宫廷乐师演奏乐曲。后来这只鹦鹉到了临安，某天猝死于宫廷，赵构还特意写了祭文：“金距绛裳，何意朱紫，乘轩骇散，缠罗斗死……每呼旧人，以励近侍。禽言若斯，鸟官谁似，云胡委羽，归魂鹑尾……尚飨。”

等到赵构成了太上皇，更是养了数百只鹦鹉，而且对这些鹦鹉都很好。《宋稗类钞》记载说，有一天，赵构突然问那些鹦鹉：“颇思乡否？”有只鹦鹉回答说：“思乡！”宋高宗想了想，就派人将鹦鹉送回了老家陇山。也许是少了鹦鹉的陪伴解闷，在送走鹦鹉之后不久，赵构就去世了。

《秋汀野鸭图》别出心裁的画院考题

“听说了吗，今天画院又开始考试了，我看见很多人都哭着出来的。”一只野鸭还没落地就迫不及待地和同伴分享着“八卦”。

“发生什么了，还哭着出门？”下面的野鸭也很捧场，一只赶忙抬头问，另一只也回头看它，只有一只坚定的吃货在忙着找躲在草丛里的小虫子。

“听说这次的题目是‘踏花归去马蹄香’，乍一看题目不算太难，很多人直接就开始自己的表演了，有画文人仕女骏马飞驰或是达官显贵穿梭于花丛，但是这些都显得有点普通了，而且根本没突出‘香’啊。主考官一边看一边摇头。最后你猜怎么着？”

“别跟说书人学，卖什么关子！”

“最后一个一朵花没画的赢了。他画了一匹飞驰的骏马，然后在抬起的马蹄旁边，画了几只蝴蝶。这明显是在说，这马蹄子上花香四溢啊，蝴蝶都被吸引来了，‘香’字一下就突出来了。你就说，绝不绝？考官当场就拍案叫好，还点评说，‘这画好就好在立意妙而意境深。’其他考生一看，也只能哭了。”

“哈哈哈哈，不禁让我想起上次你说的那个了。”

“‘蝴蝶梦中家万里’那次是吗？那次题目我觉得就很妙，毕竟不是人人都知道什么叫‘蝴蝶梦中家万里，杜鹃枝上月三更’对吧。因为不知道，所以更是怎么乱画的都有，还有不少知道后一句的，都在画林木静立，子规站立其上，月下树影微动，犹闻啼声。虽然算不上离题，但总觉得差那么点意思。那次的第一应该是成都来的王道亨，他竟然画了苏武牧羊，苏武披着毡子，手持杖节在异国的冰天雪地中席地而卧，被风沙侵蚀的脸上满是愁苦思乡之情，能出现在他睡梦中的一定是万里外的家乡吧。后来他们还分析说，可能题目还有一个意思，杜鹃的叫声是‘不如归去’，苏武思归的还不止自己的小家，是他一时回不去的国家，这格局不是一下就上来了吗，怪不得人家能高中。”

“哎，你说这马也考了，杜鹃也考了，‘竹锁桥边卖酒家’‘野水无人渡，孤舟尽日横’也都考过了，什么时候考考鸭子呢？我这一趟趟地跑，不就是想看看自己被画成什么样嘛。”

“要不你下次去燕崇馆或者樊楼，画成什么样不好说，最起码能知道你被炖成什么样。”

“打扰了，打扰了。”

吴元瑜的《秋汀野鸭图》延续了他一贯的作品风格，虽然在技法上一直是画院派，但是已经“稍稍放笔墨以抒胸臆”。对于当时的画院来说，这一点直抒胸臆已经很是难得了。画上四只形态不同的野鸭，有正要落下的，翅膀扇动，双脚也跟着做好降落的准备；有抬头跟它说话的，有回头看热闹的，也有自顾自觅食的。虽然是延续画院风格，除了写真之外还多了一份活泼，这也是从单纯写真形式到带着个人感情的转折。不要小瞧了这一点微末的改变，对于当时的画院来说，这一点难能可贵，尤其他还是宋徽宗的老师，对整个宋朝画坛的影响就更大了。

吴元瑜虽然做了武官，但是本人对古玩书画很有研究，在绘画方面的成就也有目共睹，他之所以能成为宋徽宗的老师，其实也是因为近水楼台的缘故。在宋徽宗还是端王的时候，他就已经出入端王府了，那时候和端王经常玩到一起的人都有谁呢，驸马王诜、宗室赵令穰，还有就是府内知客吴元瑜了。姑且不论人品如何，这几人在诗书画方面可谓各有所长，王诜是著名的书画收藏家，自己也擅长此道；赵令穰的文辞诗画也颇有才名；吴元瑜更是因为“画学崔白，书学薛稷”，算是书画皆擅长。在之后因为教授宋徽宗书画，对宋徽宗的审美取向和技法的形成都有着很大的影响。

宋朝的画院制度却并不是宋徽宗时期才有，而是在宋太祖成立之初就有了，他把西蜀和南唐的画家都收归自己所有，大大促进了宋朝画院的发展。宋朝初年，画院被称为翰林图画院，为宋太宗雍熙元年（984）成立，画院由内侍管理。对于画家们内部的划分也以职位高低来展现，职位有“待诏”“祇候”“艺学”“学生”等。

宋徽宗时期，在翰林图画院之外又开设了“画学”，开始了设馆招生，就像是现在的美术学院一样，是专门的绘画教育机构，有着完善的教学制度，不仅有招生考试，还有课程计划和教学方法，让人意想不到的是，连寄宿制度都有。这也成为中国绘画史上唯一属于学校性质的国立绘画教育机构。

在崇宁三年（1104），画学正式成为科举考试的一项，分为佛道、人物、山水、鸟兽、花竹、屋木六科。一般都是用古人的诗句作题目，除了前面提到的比较著名的题目以外，还有“嫩绿枝头红一点，恼人春色不须多”“深山藏古寺”等，不仅是考验画功，也是在考验文学素养。

通过考试进入到画院，学习的课程也非常有讲究，分为专业课和公共课，专业课就是考试那六科，公共课则是《说文》《尔雅》《方言》《释名》，设置课程的方式跟现代的美术院校很有异曲同工之妙，可以说是全面发展了。

在宋徽宗这样的政治举措之下，画家的待遇也是水涨船高，画家的地位也有所提升。除了俸禄、赏赐外，还准许入院的画家穿绯紫色的衣服，腰上可以佩戴金鱼带。从某个角度而言，那时候大臣提出的治国良策在宋徽宗眼里可能都比不上符合自己心意的一幅画吧。

陈容
醉酒画龙成国宝

《墨龙图》展现神韵的东方巨龙

有这样一种动物，你从未见过它，但你一定听过它；你从不知道它的样子，却能画出它的画像；你看上去跟它毫无关联，却

仍自称是它的后代。它就是与华夏民族千年历史有着密切关系的——龙。

现在人们常自称是龙的传人，在古代，连皇帝都自称是天子、龙子，皇帝穿的衣服也要叫龙袍。其实龙的存在最开始是源于图腾崇拜，之后被统治者具象化，成为封建时期的皇权象征。以至于现在的人们看古装的影视剧，总能看见各朝各代的皇帝都穿着金黄色的龙袍，或斗奸臣，或坐后宫看戏。但实际上，也不是所有皇帝的龙袍都是金色、黄色。宋代皇帝的服装一般是以红色为主，由绛纱袍、蔽膝、方心曲领组成，龙纹式样虽然有，但是并没有限制为宫廷所有，普通百姓也可以使用。宫廷龙纹一般是突出龙的威严，样式精巧繁缛，民间龙纹则较为素雅秀美，这种情况与宋朝

的风气有着很大的关系。

这种对龙不那么重视，也没那么忽视的态度，影响了宋朝的画家们。在他们的笔下，龙的形态不再是单一的威猛肃穆，反而有着独特的活泼之态，寄托着画家的情感。南宋晚期的陈容，就是宋朝画龙行业中的佼佼者。乾隆皇帝曾夸赞他："陈容画龙，已经达到了登峰造极之境。"这种夸奖，对于坐拥无数珍稀古玩字画的乾隆皇帝来说，已经是至高的肯定了。

陈容，字公储，号所翁，福建长乐人。陈容的龙之所以著名，一是因为他确实技法高超，善用水墨，深得变化之意，泼墨成云，喷水成雾；二是因为他放纵不羁，喜欢在酒后微醺之时开始作画，

脱巾濡墨信手涂抹，所成画作无一不是精妙绝伦；三是因为贵，曾经陈容的一幅画拍卖出 3 亿人民币，可以说是画龙界天花板一般的存在了。

传说陈容画龙之前，都是打上两坛好酒，放在画室中，然后就在画室内将门反锁，反锁还不够，还要让家人在门外用粗铁链锁好。这可能是怕自己喝醉后，将灵感挥洒到画纸以外的地方吧。画室内并不准备下酒菜，而是佐以李子干。准备工作做好后，就开始“闭门邀龙”。一碗接着一碗地喝酒，喝一碗酒还要来一口李子干。等到喝得酩酊大醉，不辨东西南北的时候，才摇摇晃晃地从椅子上起来，画上几笔后，干脆摘下头上的头巾，濡进墨汁后，在纸上、绢布上肆意挥洒，一边画一边叫嚷：“醉乎哉？不醉也！”最后将用过的头

巾捏作一团，对着空酒坛猛喊一声：“去也！”这才举起细笔涂抹几下，一条龙便栩栩如生、跃然纸上了。

这幅《墨龙图》气势雄伟，在水墨渲染出来的云雾间，翻腾的巨浪间，巨龙们姿态各异：有的龙，龙首微抬，嘴巴张开，怒目瞪天，有着傲临天下的昂扬之气；有的龙，长须飘动，龙身鳞片锋利，或隐或现，龙爪卷起，爪端尖锐，势不可当；有的龙，姿态威猛矫健，睁目张须，有着凌驾云霄、气吞山河的磅礴之势。画中龙的形象虽多，但姿态各异，可见画家画龙的功底。整幅画，墨色烟云的幽暗与龙体的雄健老辣形成强烈的对比，烘托出墨龙特有的魅力。

清代葛金烺曾经评价陈容：“所翁写龙，全龙在胸，蒙以云气

于云势开阖中，露腾攫盘旋之态，干湿互用，虚实相生，像物之法，无施不宜。”对陈容画龙的技法评价可以说是很中肯了。陈容在画法上偏好粗放的笔触，挥洒大胆，以粗线条勾出轮廓后，用晕染的手法，使画面浓淡总相宜，让龙的形象更加突出，活灵活现。

陈容做官比较晚，又时值南宋晚期，朝廷偏安一隅，许多有识之士有心报效国家，皇帝却昏庸，远贤臣亲小人。对于朝廷现状，陈容自是扼腕叹息。作为一个文人画家，只能在诗画中表明自己的政治立场，就像这幅画中写的那样：“扶河汉，触华嵩。普厥施，收成功。骑元气，游太空。”诗画相辅，更显得此画气势磅礴、寓意深远，令人叹为观止。面对蒙古和女真的异族入侵，陈容笔下的显然不是在临安苟且偷生的南宋“真龙天子”，而是一条代表汉族文化雄视

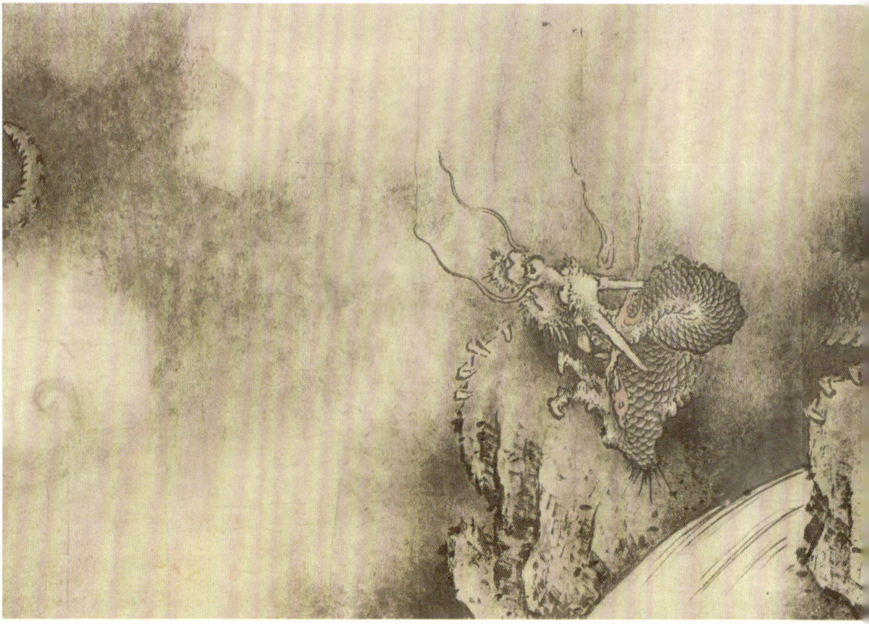

天下的神龙。

陈容的《墨龙图》中的龙，每一条都神气活现，透过此图，我们可以窥见画家对龙的精神的向往。再联想到画家所处的时代，也让我们通过这幅画见证了一个文人对国家痛心疾首却难掩希冀的忠诚。

《九龙图》醉画九龙谁与争锋？

《九龙图》由陈容所作，陈容画龙，在当时的宋朝可以说是没有敌手，他对龙的勾勒不仅对中国后世的画家有着深刻的影响，在现代日本的龙画里，也能依稀见到陈容的影子。这一幅《九龙图》纵 46.3 厘米，横 1092.4 厘米，在陈容的画作里，也算得上是长幅了。

在陈容之前，龙的样式已经几近定型，《尔雅翼》中说：“俗画龙之状，有三停九似之说，谓自首至膊，膊至腰，腰至尾，皆相停也。九似者，角似鹿，头似驼，眼似鬼，项似蛇，腹似蜃，鳞似鲤，爪似鹰，

掌似虎，耳似牛。”当时的画作正处于从北宋院体画转型为文人画的过程，陈容的画从某种程度上，正好能看出这一转变的过程。

从技法上看，画面是用湿墨和重墨润染，以斧劈皴法勾画出巨石山崖，海中巨浪翻腾，云雾弥漫，各条龙之间神情不一，又有着老、壮、小的区别，而立于岩上的龙像穿着铁甲的战士、英雄那样，体态生动跃然纸上。龙体是对郭熙的山体样式的一种变体，用粗线把龙肉体的圆硕，在黑白反差之中强调出来。龙爪勾做弯曲有力的树根状，龙肢体曲状等线描，又是模仿了郭熙的蟹爪树画法。翻涌的云气用了湿墨晕染后，造成了混沌、天地变异的感觉。以长卷的形

式观之，气势惊人，堪称是“云蒸雨飞，天垂海立，腾骧夭矫，幽怪潜见”。

陈容在这幅画里，不仅给予了九条龙不同的姿态，有向下俯视的龙，也有正在跑动的龙，还有坐、躺、倾身状态的龙，神态是半人半神的样子，颇有现代拟人漫画的感觉，但整体的画作还是给人以痛苦挣扎之感，似乎要挣脱束缚，重回人间，重获自由。

这种挣扎的感觉来自陈容画这幅画时的感受，当时正值南宋末年，铁木真的蒙古铁骑已经崛起，纵横睥睨。一向重文轻武的宋朝，

难有可以抵御铁木真铁骑的将领，士兵与蒙古士兵也有差距。宋理宗不听朝中臣子的劝诫，效仿海上之盟，想要联合蒙古灭掉两者之间的金国，金国原本可以当作宋朝与蒙古的缓冲，但是宋理宗无视金国的求救，把联蒙灭金看作是建不朽功业的天赐良机，与蒙古一起发兵，金国灭国，南宋也失去了最后的屏障。

战略失败后，宋朝损失了最后一批精锐部队。在这样的危急时刻，宋理宗却在朝廷上宠信史弥远、董宋臣等奸臣，为宠妃阎贵妃修建功德寺，兴师动众、劳民伤财，朝廷上那些忠君爱国之士却被打压，南宋大厦将倾。

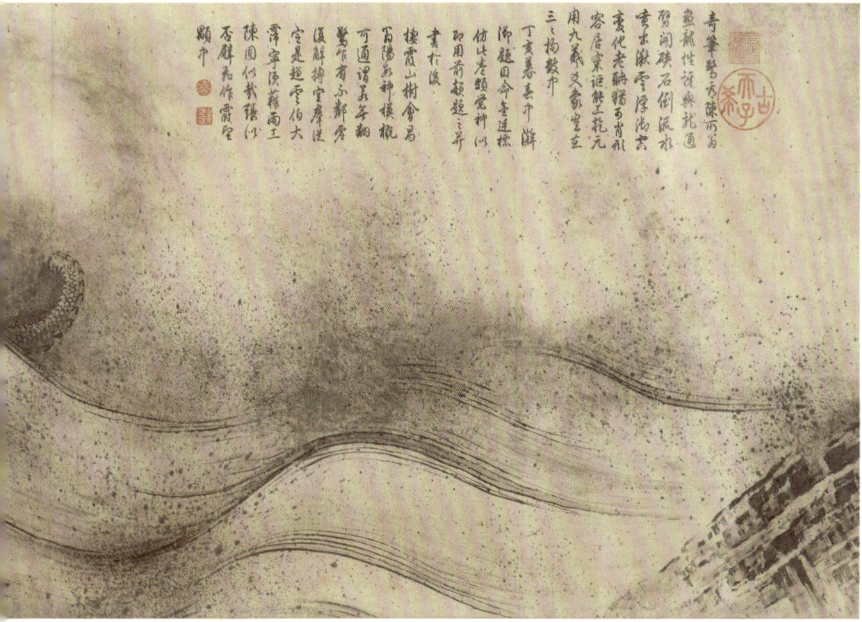

陈容的《九龙图》就是在这种背景中创作而出，对于南宋的现状，他无力改变，但又希望有人可以改变。在画《九龙图》时，他就将自己的这种心情灌输到画中了。在九龙之后是陈容的题记：“楚中写凿真龙窥，金陵点眼双龙飞。诸梁羽化张亦去，雌雄笑杀刘洞微。八轴吴龙不堪挂，醉余吐出胸中画。龙门三峡浪如山，从臾涨天声大价。飞龙出峡驾春江，九河之势不敢降。一龙天池戴赤木，菌蠢猛省云雾邦。钧天奇女又遭谪，雷公擘山天地黑。玉龙皎皎摩苍崖，蟠蜿似避阳陵客。鼾鼻睡起金蛇奔，崭然头角当海门。摩牙厉爪攫明月，天吴起舞摇天根。云头教子掣金镤，第五图中龙最老。两龙遍活黎与蒸，马鬃夜半天瓢倒。桃花浪暖透三层，禹门岌岦谁敢登。苍鬌绛鬣火烧尾，十月霹雳随飞腾。蜀侯高卧南阳武，貌出全形奇且古。神功收敛待时来，天下苍生望霖雨。所翁写出九龙图，笔端妙处世所无。远观云水似飞动，即之疑是神所摹。宣城龙公生九子，尽入老翁图画里。阿谁为我屠双牛，一牛莫着金笼头。九鹿之图跋于涪翁，九马之图赞于坡老，所翁之龙虽非鹿马，并然欲效苏黄二先生赞迹，则余岂敢？姑述以志岁月。”拳拳的爱国之情可见一斑。

巨然
专攻山水画的画僧

从《萧翼赚兰亭图》看《兰亭序》失窃之谜

哒哒的马蹄声打破了山中的清幽寂静，一个衣着简朴、书生打扮的人，骑着一匹骏马正在过一架小桥。在小桥下有溪水在潺潺流淌，山间的风习习地吹着，穿过林间寺院时，似乎连风也寂静了。寺后是层峦叠嶂、巍峨雄伟的高山，平日冷清的寺院今日迎来了一位特殊的客人。

这位客人自称是北方来的卖茧商人，名唤萧翼。天晚想来借宿，寺内的住持辩才和尚自然同意了。言谈之间，辩才发现这位萧翼与自己非常投缘，细聊之下更有知己之感，于是就邀请他来自己的禅房，二人秉烛夜谈、把酒言欢，从诗词歌赋谈到人生理想，都有相见恨晚的感觉，通宵尽欢。

第二天萧翼离开之时，与辩才约定好，以后会经常来与他谈诗论画。果然，没过几天，萧翼就带着美酒前来，两人继续谈天说地，言谈之间更是契合，关系也更加亲密了。

有一天，萧翼说自己自幼喜欢书法，还拿了梁元帝的亲笔书法《职贡图》给辩才看，辩才对这幅字赞叹不已。之后二人就很自然地谈起了书法，萧翼说自己还有两幅王羲之的书法，辩才非常开心地想要一饱眼福，萧翼也爽快地同意了。第二天，萧翼果然带着王羲之的书法给辩才看。辩才看过之后，对萧翼说："你手里这幅字肯定是真的，但不是最好的。我有一幅真的，和一般的非常不同。"萧翼赶紧问道："是哪一幅？"辩才说是《兰亭序》。萧翼却摆出一副不相信的表情，说："经过这么长时间，那幅字早就不知道在哪儿了，怎么可能还有真的？"辩才就从房梁上取出《兰亭序》，萧翼看了之后故意说是假的，两个人开始争论不休。

因为与萧翼争论，辩才就没有将《兰亭序》重新放到梁上藏起来，而是放在二人常用的书桌上，与其他的字帖放到一起，一并临摹学习，这个时候辩才已经年逾八十了。之后萧翼进出寺院更加频繁，来了很多次之后，辩才的弟子对他的进出不再有所怀疑。直到有一天，辩才有事离开了寺院，萧翼就到寺院去，跟辩才的弟子说，自己来拿回自己的书帖，弟子不疑有他，就让萧翼进了辩才的禅房，萧翼趁机拿走了《兰亭序》。

辩才就这样失去了《兰亭序》，而萧翼则是奉了唐太宗的命令，潜伏到辩才身边，取得《兰亭序》。因为之前李世民让辩才进献《兰亭序》，辩才都没有承认《兰亭序》在自己手里，李世民又特别想要，于是宰相房玄龄就出了这样一个主意，后来《兰亭序》成了李世民的陪葬品。

萧翼回到长安后，自然是加官进爵，而李世民却下了一道旨意，念在辩才年迈，宽宏大量地原谅了辩才的欺君之罪，还赏赐了他不少财物。但是辩才却一病不起，第二年就去世了。

《萧翼赚兰亭图》纵 144.1 厘米，横 59.6 厘米，现藏于台北故宫博物院，画面上描绘了萧翼骑着马带着仆人，风尘仆仆地探访辩才所在的永欣寺的情景。整幅画主要用水墨，只在人物和屋舍上略施淡彩，这种方式也体现了山水画到宋朝后水墨渐兴的大趋势。画上山石硬棱，勾、皴之下依然疏松平淡，仍旧是巨然擅用的披麻皴，只是前坡的山石显得圆匀，略带弧度，而后山的石壁陡然而立，是直立的线皴了。树丛和房舍的勾线用了浓墨，显示出强势雄伟，起落转折之间笔法严谨，深受李成画法的影响，后人评此图“笔法奇古，渐开元人门户，故是甲观”。

萧翼赚兰亭图的故事发生在唐朝，这个故事之所以流传开一方面是因为王右军的《兰亭集》，另一方面是因为不同画家的画作内容描绘。唐朝的时候著名画家阎立本就根据“兰亭”的故事创作了《萧翼赚兰亭图》，这幅画在北宋和南宋都有临摹版本。

在宋朝施宿撰写的《会稽志》中，有宋代吴说《跋阎立本画兰亭序》一文，在里面很详细地讲述了阎立本版的《萧翼赚兰亭图》，还有它在宋代的流传情况。“右图写人物一轴，凡五辈，唐右丞阎立本笔。一书生状者，唐太宗朝西台御史萧翼也；一老僧状者，智永嫡孙会稽比丘辩才也。……阎立本所图，盖状此一段事迹”。当时这幅画是由江南内库收藏。宋太宗初定江南后，李后主内府里的物品都被密封收藏，这幅画也在其中。后来被宋太宗赏赐给了知州杨克逊，在杨家传了五代，最后由杨家的女婿传给了周谷。北宋末年“六贼”之一的宦官梁师成想要用礼部度牒换这幅画，被周谷拒绝了。

在阎立本的笔下，主要描绘的是萧翼和辩才煮茶清谈的场景，之后的众多临摹作品里，大多将重点放在了萧翼和辩才神情的刻画上。巨然的这幅《萧翼赚兰亭图》则另辟蹊径，多为大幅的景物描写，只刻画出了萧翼骑马携仆、风尘仆仆的形象，辩才和尚干脆就没有出现在画上。

作为唐末宋初的和尚，巨然对于同样是和尚的辩才的遭遇，应该是多有同情的。这种同情让他没办法像前人一样，用或是疑虑、或是侃侃而谈、或是为难等多种神态来描绘辩才的表情。因为这件事对于辩才来说，一定是巨大的打击。自以为是朋友的人选择了背叛，痛失心爱之物的感伤，加上轻信于人的懊悔……种种叠加之下，巨然干脆隐去了辩才的形象。

辩才失去的《兰亭序》，在唐太宗殁后，陪葬在昭陵。对于中国

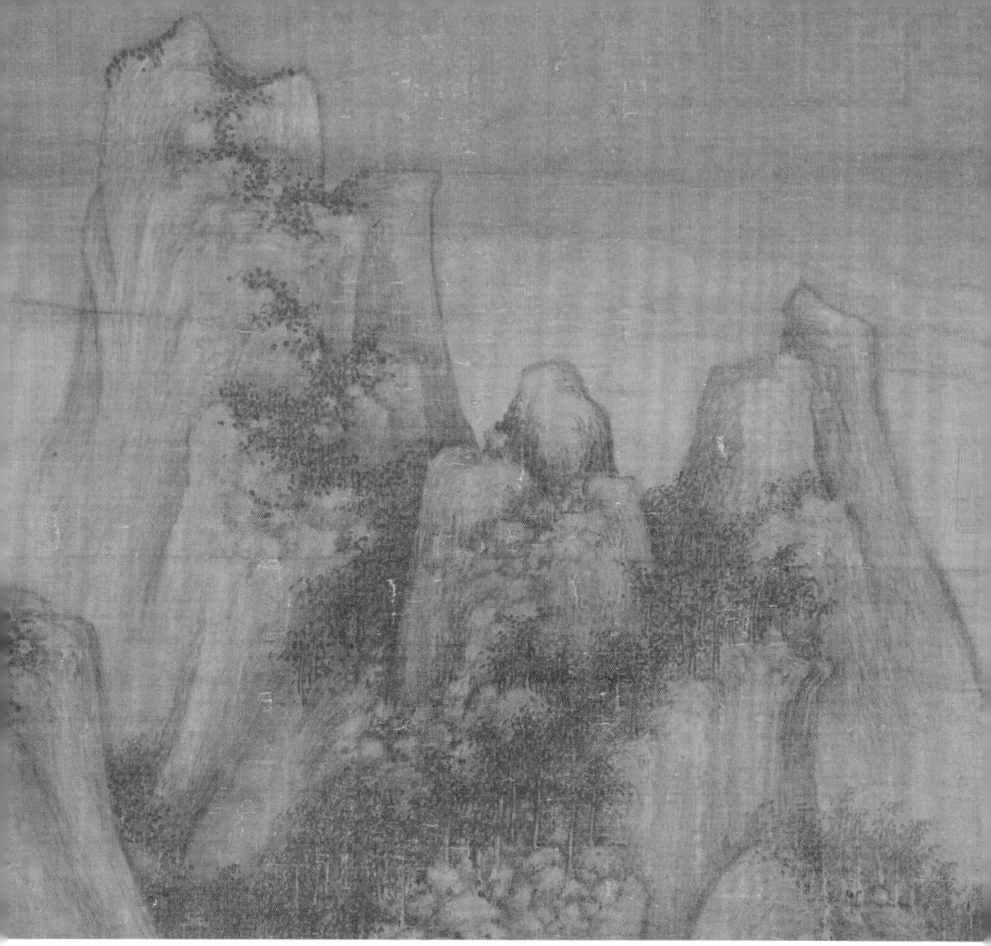

的书法界而言是一种巨大的损失，苏东坡在《孙莘老求墨妙亭诗》中就说过："兰亭茧纸入昭陵，世间遗迹犹龙腾。"虽然还有颜筋柳骨，但仍少了王羲之的行云流水、遒美健秀。

牧溪
对日本影响最大的中国画家

《烟寺晚钟图》非常规的烟寺图

作为一个僧人，还是一个画家，画寺院好像是理所应当的事情，但是就有人能把寺院画得若隐若现，稍不注意，寺院就不见了。这个人就是“墙内开花，墙外香”的典型，宋朝僧人法常。

法常俗姓李，号牧溪，现在一般认为他是蜀地人，就是那个被日本著名作家川端康成极为推崇的画家。当然，也不只是川端康成推崇，在牧溪的代表作《潇湘八景图》传入日本后，即成为日本“天下首屈一指”的珍宝，被誉为“水墨第一画”，引领了日本水墨画的发展，对日本的美术史产生了巨大的影响。

可能是出于利益的原因，《潇湘八景图》后来被一位据说叫作“道有”的人分成八幅画，现在流传下来的只有四幅，其中之一的

《烟寺晚钟图》被列为日本国宝，现收藏于东京富山纪念馆明月轩中；《渔村夕照图》也是日本国宝，藏于东京根津美术馆；《远浦归帆图》和《平沙落雁图》，一幅藏于京都国立博物院，另一幅藏于出光美术馆，而牧溪本人也被称为是“日本画道的大恩人”。

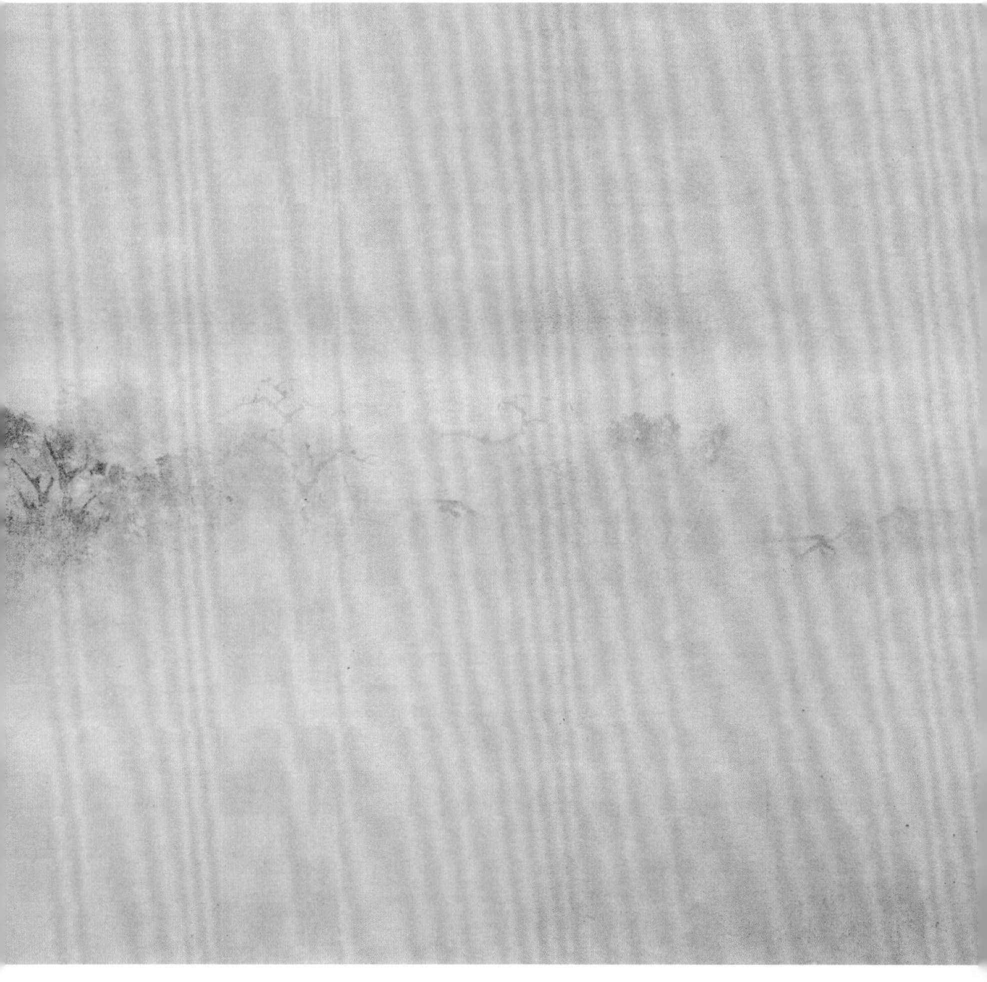

牧溪的画作在文人画领域，不算是默默无闻，但评价也是褒贬不一。比如元人汤垕在《画鉴》里说："近世牧溪僧法常作墨竹，粗恶无古法。"而明朝的朱谋垔在《画史会要》中也说："法常号牧溪，画龙虎、猿鹤、芦雁、山水、人物皆随笔点墨而成，意思简当，不费妆饰，但粗恶无古法，诚非雅玩。”这种对牧溪的贬低还是占据主流的。但也有认为牧溪作品自有妙处的，比如明朝高僧雪峤圆信描述的是：“这僧笔尖上具眼，流出威音那边，鸟鹊花卉，看者莫作眼见，亦不离眼思之。径山千指庵圆信。”

宋朝是我国文化发展的黄金时代，著名的“唐宋八大家”宋朝就占据了六位，可以说，在宋朝有着一大批优秀的诗、书、画大家。而作为北宋的延续，南宋更是将对艺术的追求提高到了极致。在这种背景之下，想要从中脱颖而出，很难。一个“另类”“不符合主流”的牧溪，便招来了许多的嘲讽，因为优秀的人已经很多了，并没有说牧溪不优秀的意思。比如，牧溪画的虎，在宋朝不受待见，大家觉得笔锋不够写实，不那么威猛。但传入日本后数百年间，日本的虎就一直保持了牧溪的粗朴画法，憨态有余，威猛不足。

可以说牧溪的作品，挑战了宋朝很多画家的基础认知，当时的主流所追捧的是那种笔墨深沉厚重的画风，花鸟的描绘一般也比较精致，大多走写实路线。当牧溪的作品出现时，很多人的第一反应都是不习惯，看着不舒服。多数都不是去试着尝试、了解，而是根据习惯否认，认为不可思议，认为牧溪这种反其道行之的画风是一种对主流的蔑视。

现在从艺术角度来看，牧溪的作品如其本人，处处透露着“随性”二字。也是因为这样特立独行的特质，才令牧溪显得与当时的艺术追求格格不入。一旦抱着这样想法的人开始传播自己的观点，认可牧溪画作的人，想要替牧溪说话就越来越难了。

在这幅《烟寺晚钟图》里，画面的大部分是用淡墨表现的浓雾，左侧有在浓雾之中丛生的树木，一条微弱的光带轻柔地拨开雾霭，仔细看去，在树丛深处隐隐可见寺院的房檐，似乎有着悠扬的钟声正穿透轻烟飘然而至。说是在画晚钟却不见钟，只有若隐若现的小小房檐，用静态来展示动态，用无声传递着有声。

牧溪的画被称为是具有生命力的艺术，妙处在于笔墨与空白之间产生的张力，巧妙的留白给人以无限的遐思。这种渺远、幽寂的美质内核和思想意趣，契合了当时日本人寻觅空灵幽寂、闲远淡泊的心迹和审美意念。牧溪生活的年代，正是日本镰仓时代，是中日贸易比较繁荣的一个时期。随着贸易的深入发展，大量的中国陶瓷、织物和绘画通过各种方式输入日本，这些来自中国的物品展示出的精美与技艺，让日本上层爱不释手。

牧溪虽然没有像易元吉一样，发现一条路不通，就换了一条，而是任由自己的心作自己想要画的画。虽然在宋朝没有被认可，但最终还是在别的国度大放异彩。只能说真正的金子是不会被埋没的，成功的路虽然有曲折，但真正有才华、有价值的人终能到达。

从《老子图》看宋人的崇道之心

在没有注意到题目之前，看见这幅画的人，往往不敢相信，这幅画的内容是那个被道教尊为始祖，称作“太上老君”的李耳，也就是老子。因为在中国乃至世界的历史里过于重要，所以研究老子、给老子画像的人也非常多，但是牧溪笔下的这幅《老子图》可以说是比较特殊、别具一格的。牧溪在宋代不太受欢迎，可能原因就在这儿。大部分画家在画老子的时候，都是体现老子的仙风道骨，长发白须，样貌脱俗。而牧溪笔下的老子，这些常规表现手法都没有，甚至让很多人无法接受。

牧溪难道是对老子有什么偏见吗？当然不是，这可能只是他与众不同的绘画表现手法而已。这幅《老子图》纵 88.9 厘米，横 33.5 厘米，现在收藏于日本冈山县立美术馆。画中的老子因为鼻毛外露，被称为“鼻毛老子”，又有着招风耳、秃头和一张巨口，颈纹明显，指甲狭长，形貌奇特，被称为是“奇人自有奇相”，是真正的仙风道骨，相貌奇绝脱俗，符合牧溪一贯的作画风格，尽得人物风流和神韵。

牧溪作为一个信奉佛教的出家人，去给另外一个教派的始祖画像，而且还是出于自愿，这其中的含义就很值得人深思。宋朝其实

是一个佛教、道教都很兴盛的朝代，但最开始占据上风的其实是道教。

据说宋太祖赵匡胤在没当皇帝的时候，就已经与道士有所往来，在他黄袍加身之后，就开始利用“符命”为自己制造舆论了。说是有个叫陈抟的华山道士，就曾帮助赵匡胤散布舆论，争取百姓支持。赵匡胤称帝后不久，对道教的发展也给予极大的关注。他不仅召见道士，登门请教“治世养生之术”，还对京师道士进行了学业考核，斥退品学不良的人，此举大大地提高了道士的整体素质。之后还整顿了道教的一些陋习，对道教之后的发展大有好处。

对于佛教，赵匡胤也一改后周毁佛的行为，可能是后周下令对于在周世宗时拆毁的寺庙，遗留下来的佛像要妥善保存；对于已经损毁或者正在损毁的立即停止，并开始着手修复；敕令用金字、银字书写佛教经文。他当皇帝之后还出版了中国第一部官刻雕版印刷的佛教经典《开宝藏》，是当时最全的一部佛教丛书。应当说，这部书的存在，是赵匡胤对佛教发展的一大贡献。

宋太祖对佛教、道教都鼓励的同时，儒家思想也没有被他遗忘。所以，在宋朝的发展里就出现了很有意思的一种情况，无论你信奉哪家，当权者都没有过于反对，也没有特别对儒家、佛教、道教三者详究孰轻孰重，对文化、学术、艺术等各个流派都采取兼容的宽松态度，可以说是包容性很强了。这也使儒家、佛教、道教三家实现了文化上的相融。《宋史·宋太初列传》记载："《礼》之中庸，伯阳之自然，释氏之无为，其归一也。" 而且宋代儒学还借鉴了佛家、道家的思想，创立了新儒学，也就是理学。

上行下效，宋代官僚士大夫介入佛道的现象也比唐朝更加普遍。因为宋代的重文，士大夫普遍有较高的文化素养，人的文化素质提升之后，一大特点就是好奇心旺盛，自然对佛教、道教的教义理论有所研究。宋朝文人还喜欢聚会，聚会难免诗文相酬，更加推进了三者之间的融合，苏东坡、李公麟都有相关集会的诗画流传于世。

但是这种风气其实还是会随着统治者的好恶而有所转变，比如宋徽宗，他自称是教主道君皇帝，在位期间不惜耗费巨资，在各地大建道观，扩充道士名额。在皇帝的偏爱之下，道士的地位极高，各级官吏都要对道士以礼相待，群体扩大了，自然也会滋生出问题，道士也成了当时黑暗腐败政治的组成部分。

在宋徽宗、宋钦宗被金兵掳去成为阶下囚之后，宋徽宗仍旧常穿紫道袍，头戴逍遥巾，做道士的标准装扮，崇道之心依旧。之后康王赵构在临安（今浙江杭州）重建宋王朝，也就是南宋。南宋在痛定思痛之余，虽然道教和佛教仍保持着一定的盛况，但总的来讲，南宋朝廷对佛教的发展是有限制的。

在宋高宗时，对度僧数量控制得比较严格。宋高宗曾颁布诏令，明确规定了不准在朝廷准可的数额之外度僧，连指标都有着明确要求，原有僧尼 100 人，每年可以新度 1 人。在这样严格的规定下，僧众数量自然减少，沙门队伍只能处于勉强维持的状态。

尽管在南宋时期，佛教在宋朝皇帝那里不是很受欢迎，甚至受到了压制，但佛教思想依然十分重要，被统治者需要，佛教只是被压制，而没有再次出现毁佛的现象。

《猪头和尚》罕见的宋画题材

淳化四年（993），开封御街朝堂外登闻鼓前。

“咚咚咚咚”的鼓声虽然不大，但是却让人流如织热闹不已的开封御街静谧了那么一瞬。这个登闻鼓其实是延续了以往历史的传统设立的，虽然大家都知道可以通过敲鼓告“御状”，但是谁家平民百姓没有大事会去敲这个鼓告状呢，所以这个鼓算是难得响一次。这下全开封都跟着轰动了，这得是多大的冤屈啊，必须得好好看看热闹，啊，不是，是了解一下案情！

不止百姓，不少官员其实也挺好奇的，开封作为都城，治安其实还是很有保障的，要是这都能出大案子，搞不好要震惊朝野啊。虽然有着这样那样的心理活动，但是官员们面上都是一脸凝重。下面的传令官一级一级地把敲鼓的人带了上来。等跪到御前的时候，众人心里的疑惑更重了，看穿着也不像穷人，都是开封时髦的料子和剪裁呢。

坐在御座上的赵光义也很是好奇，不由得问道："现在有什么冤屈，可以说了。"跪着那人微微直了直身子，先是说道："小人牟晖……"剩下的话就像是说不出口一般，赵光义身边有个尖细的声音喊道："有何冤屈，还不快快说来！"那人听得这一句，身子有点发抖，却像是突然鼓起勇气，用比之前大的声音说道："小人家的家奴不小心丢了一头猪，请官家给小人做主啊，那猪那么大一头呢，膘肥体壮、溜光水滑的。"

赵光义有点怀疑，是这个宫殿有点大，还是自己昨晚没睡好，耳朵听东西受到了影响。"丢，丢了一头猪？"赵光义还没反应过来时，身边伺候的宫人竟然不小心喃喃出声，说出声音后立马跪下，请求赵光义恕罪，赵光义这才接受现实一般，摆摆手让宫人起来了。

"官家，这也太过于儿戏了，要不将此人交给臣带走吧。"下面有大臣出声了。赵光义却没有同意，而是下令："赐千钱偿其值。"牟晖感恩戴德地走了。赵光义之后又对面露不解之色的官员说自己自然不知道他的猪在哪儿，但是你们应该跟自己一样高兴，说明天下没有含有冤屈的人。

牧溪的《猪头和尚》虽然这么叫，但画面的重点也不在于猪形象的描绘。赤脚带笑意的和尚，双手高举着一个猪头。画上方写着：“张狂举止，屠狯身心；和盘托出，不是家珍。刚言立底乾坤大，犹自当场卖弄人。”这其实是佛教常用的隐喻画，意思是打破佛教的戒律清规。

十二生肖里猪虽然有一席之地，但是猪画在中国的历史里却遭到了文人画家的冷遇。在家养的牲畜里，牛马羊不必说，连鸡鸭鹅狗都有相应的画作流传。在宋朝之前，猪在画作中出现都是作为生活场景的点缀，壁画上偶有所见。目前所能看到的最早有猪出现的画作，是在《清明上河图》中，之后就是牧溪的《猪头和尚》了。

在几乎无所不画的宋朝，这个情况的出现其实是有点奇怪的，在《宣和画谱·畜兽叙论》中的一段话，可以从侧面说明，为什么猪画这么少见。即：“乾象天，天行健，故为马。坤象地，地任重而顺，故为牛……于是画史所以状马牛而得名者为多，至虎、豹、鹿、豕、獐、兔，则非驯习之者也。画者因取其原野荒寒……以寄笔间豪迈之气而已。”其实意思就是说，这些马牛虎豹等出现在画作中各有各的原因，似乎猪的不出现也是因为没有足够可以让人描绘的点。

在常见的家养牲畜中，牛踏实、马矫健、鸡司晨、犬看家，就连鸭子也常出现在带水的画里，鹅更是不用说，从古至今都备受人们喜爱，前有王羲之以字换鹅的故事，后有作为古诗启蒙朗朗上口的《咏鹅》。猪在这中间，委委屈屈毫无存在感。

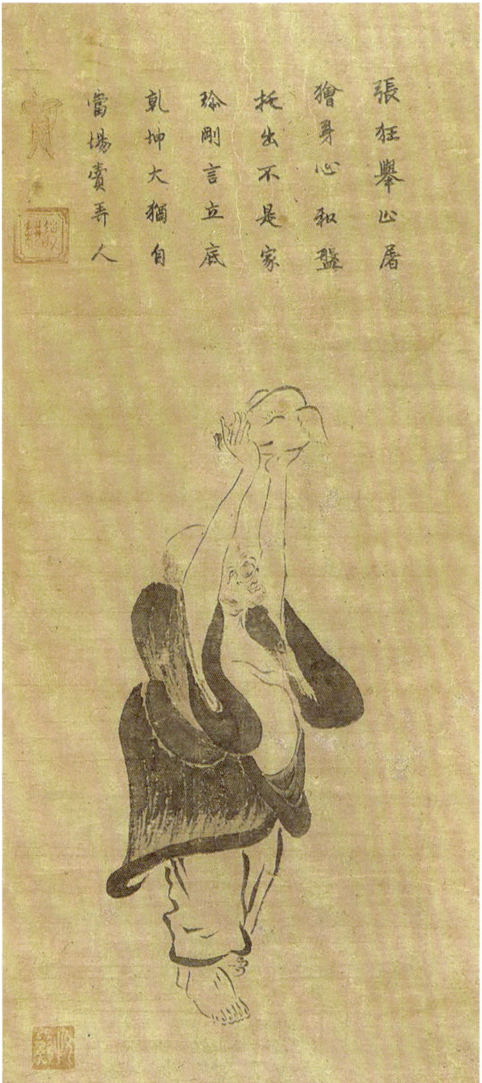
張狂舉似屠
獪身心和盤
托出不是家
珍剛言立底
乾坤大猶自
當場賣弄人

猪肉在宋朝确实是百姓的主要肉食，不过主要不是因为喜欢，而是因为便宜。宋朝人最爱吃的是羊肉，宋真宗时期，宫廷内每天要宰杀 350 只羊；到了宋仁宗时，每天杀 280 只；宋英宗时，每天减少到了 40 只。因为羊肉太受欢迎，古代饲养环境又不够好，所以有点越吃越少的趋势。到了宋神宗时，为了减少羊肉的消耗，引进了猪肉，不过仍旧没有什么效果，那时候每年消耗的羊肉有 43 万多斤，猪肉却只需要 4000 多斤，连羊肉的零头都不到。

猪肉在宋朝“翻身”，还要归根于诗人里最会做菜的，厨子里写诗最好的——苏东坡。相传宋神宗熙宁十年（1077）七月，苏东坡在徐州任知州，黄河在曹村埽一带决口，苏东坡身先士卒，带领禁军和全城百姓一起筑堤保城，历经两个多月的奋战，城保住了，全城人民都杀猪宰羊来庆祝，还都给苏东坡送肉表示感谢。当然，百姓杀得起羊的毕竟是少数，所以给苏东坡送的主要是猪肉。这么多猪肉也吃不完，苏东坡就亲自指点，做成红烧肉后回赠给百姓，大家都觉得这肉肥而不腻格外好吃，于是“回赠肉”就从徐州流传开。不知道这个“回赠肉”的出现是不是也影响到了宫廷，所以宋神宗时期御厨们才引进了猪肉。

苏东坡被贬到黄州时，把自己烹制红烧肉的经验写进了《猪肉颂》中：“黄州好猪肉，价贱如泥土。贵人不肯吃，贫人不解煮。早晨起来打两碗，饱得自家君莫管。”最后猪肉以“东坡肉”扬名是在杭州。元祐五年（1090）五、六月间，浙西大雨不止，有过黄河决口经验的苏东坡，早早做好了准备，提前疏浚西湖，保了杭州百姓一方平安。到过年了，百姓又给苏东坡送猪肉了，这次苏东坡的做法也有了改进，猪肉更加好吃，于是“东坡肉”就这样全国闻名了。

林椿
枝头鸟宛若欲活

从《果熟来禽图》看专供皇室的温室枇杷

秋天寂静的山林里，不时传来一两声鸟鸣，这人迹罕至的地方，是各种动植物安居的小天地。微风袭来，有棵叶子已经有些泛黄的枇杷树也随着风吹微微点头，树上沉甸甸的枇杷早已熟透，坠得树枝随着微风一摇一摇的。

也许是摇动的幅度过大，引来了一只好奇的小鸟，它凑近了看一看，原来摇动最厉害的是两颗被虫蛀了的果子，不知道里面的虫子有没有被这样的摇动吓到。小鸟在枝丫上蹦蹦跳跳地左顾右看，最后还是决定，先放这虫子一马，让这几只虫子再长长肉，毕竟夏天已经到了，长肥了的虫子才好吃啊！

不过现在不吃也不能就这样放着，它很快转过身，冲着外面叫上了几声，好像是在说："这几颗枇杷里的虫子是我看上的，留着过几天吃，谁也不要来和我抢哦。"给储备粮打上自己的名号，让小鸟高兴了一会儿，它高兴地在树枝上又叫了几声，觉得一会儿再去别的地方看看，万一有比这还肥美的小虫子呢……

这幅《果熟来禽图》是宋代林椿晚期的代表作，是一幅绢本设色画，现在收藏于北京故宫博物院。林椿用生动活泼的形式表现了枝叶、果实的色彩和小鸟的形态，画小巧却精致非常。小鸟的神态像是要随时飞走一样，身上用墨色晕染的羽毛表现出很真实的毛绒感，圆圆的头在憨态可掬上又有了一份灵动的调皮感，似乎下一秒就要开口歌唱或者展翅高飞；树叶的弧度弯曲圆润，加上圆圆的枇杷，整幅画都显现出一种圆润感，叶子有枯萎、残损的，某些破损也可能是因为有虫啃食过，似乎在看不见的叶子背面，也有几只同样圆滚滚的虫子，正在努力为夏天的到来积攒力量；画面上的枇杷呈现两种颜色，背光部分颜色较浅，林椿的观察可以说是非常细致入微了，枇杷上也有被虫蛀的痕迹。

《果熟来禽图》给人的感觉，似乎在画这幅画时林椿的心情也是很好的，只有心情愉悦时候的画作，才能在完成之后也让人感受到画家的喜悦。整幅画采用了稳定的三角形构图，从左上侧伸出来的树枝斜着贯穿了整幅画，树叶的疏密有致又给画面留下了足够的留白，树叶的阴面、阳面、卷曲度，叶柄的细节都一一呈现了出来；左侧最引人注目的是那四颗饱满的果实，果子上被虫蛀的痕迹清晰可见；右边的小鸟栖息在一根无叶的树枝上，给整幅画面添加了一抹生动的色彩，起到了点睛、统领全局的作用。署款“林椿”，有“宋荦审定”藏印一方。

做过画院待诏的林椿，这幅画既保持了画院花鸟画要求“要物形不改”的写实精神，又完美地表现出了他高超的画技和审美追求。整幅画的设色都轻敷淡染，黄绿的叶子、淡红的果实、鹅黄的小鸟，整体配色分外和谐。

画院花鸟画的风格，是在北宋徽宗赵佶时期定下来的。因为画院其实是直接受皇帝控制的，不像大臣，甚至可以与皇帝意见相左，画院的风格和喜好都要跟着皇帝走，皇帝喜欢虚无缥缈，画家们就要走欲言又止、欲说还休的风格；皇帝喜欢真实形似，整个画院就都是写实派，刚好赵佶喜欢后一种。

据说此种画风的流传是从赵佶一次画院之行开始的，当时画院众人献上了自己的得意之作，但是赵佶都是摇摇头，表示不太喜欢。直到走到一个画了月季的少年面前，不仅夸赞还对他的画重重赏赐了一番，众人都不太敢发表意见，赵佶说："月季很少有能画得好的，因为一年四季、每天的早晚，花的形态、叶子的状态都不一样，这幅画与春天太阳在正午时候的月季，没有任何区别，所以重赏了他。"自此之后，画院的花鸟画就开始讲究要重点描绘物体的外形，讲究形似了。

在林椿的画里出现的枇杷，宋朝也是经常入画的，像赵佶自己就画过《枇杷山鸟图》的扇面，还有很多诗词是关于枇杷的，比如杨万里《枇杷》诗曰："大叶耸长耳，一梢堪满盘。荔枝多与核，金橘却无酸。两压低枝重，浆流冰齿寒。长卿今在否？莫遣作园官。"还有梅尧臣的《隐静遗枇杷》："五月枇杷实，青青味尚酸。猕猴定撩乱，欲待热应难。"

写枇杷的诗词这么多，自然与枇杷在古时候的寓意分不开。根据相关记载，我国很早就开始种植枇杷了，唐代时枇杷已经成为贡品，产地逐渐扩大到大江南北，到了宋朝，种植范围更加扩大了。又因为枇杷在秋天养蕾、冬天开花、春天结果，最后在夏天成熟，所以被人们称作是"备四时之气"的佳果，从唐宋时期开始就被看作是美好、吉祥、繁盛的象征了。还因为枇杷树果实茂盛，在古时被称为佳实，有子嗣昌盛的寓意。

因为枇杷对生长温度要求较高，所以在宋徽宗时期，枇杷是要和其他果蔬花卉一起种植在温室里的。那时候的温室是在室内开沟，以纸密封好缝隙，将花盆置于沟上的竹架内，沟中要倒入热水，并施以牛溲、硫磺等热性肥料，这样才能让枇杷顺利生长下来，其中耗费的人力、财力不知道可以买多少枇杷了。按照现代人的观点，枇杷其实也未必有多好吃，只不过作为皇帝，好不好吃也要先吃过再说。温室里的枇杷自然也只是为了万一当权者有需求，能够派得上用场。

透过《葡萄草虫图》看林椿多子多福的企盼

一缕秋风吹来，将夏季的炎热吹散，秋日的气息就浓厚了起来。初夏时分舒展绿叶，开着朵朵小花的葡萄藤上，须蔓缠绕间米粒大的葡萄也渐渐长大了。原本青嫩的叶子也像是完成了自己的使命，变得苍老、卷曲，仍有几片新鲜的，似乎是对夏天最后的留恋和挣扎。葡萄粒从最开始的青涩稚嫩长成了让人垂涎欲滴的模样，粒粒晶莹剔透、水分饱满，水润的光好像要从表皮中透露出来，这吸引的不仅是人们的目光，几只小虫子也在跃跃欲试，想一尝这新鲜的美味。

一只蟋蟀还在抓紧时间，先从为数不多的绿叶下手，盯着葡萄的虫太多了，有点不太敢先动手，只能啃几口叶子解解馋。蟋蟀整只都趴在叶子上，看似纤细实则有力的后腿紧紧贴在葡萄叶上，一边吃一边似乎在用触角探听另外几只的动静。旁边的藤蔓上，一只甲虫看见蟋蟀先动嘴了，也不甘示弱，细小的爪子紧紧抓着藤蔓，也想要找一个可以方便下嘴的地方，身上的壳似乎都在跟着用力。

这两只动物的动静似乎刺激到了那只绿色的螳螂，它大大的眼睛里都是警觉，明亮如镜子一般，镰刀状的前足已经高高翘起，上面的细刺清晰可见，颇有“挹露裳初试，迎风斧半撑”的气势。头顶两根长长的须子似乎也在随风而动，一副不好惹的架势摆得非常足。这端几只吃的吃、爬的爬，还有紧张戒备的；另一端的小枝上，停着的蜻蜓就是另一种姿态了。它轻盈透明的翅膀好像还在微微颤动，似乎刚刚落稳，一时并没有掺和进去的意思，好像只是飞累了，过来短暂地歇一歇。蜻蜓的悠闲更加衬托出另一只动物的紧张，它小小的身子几乎都要被葡萄叶遮掩住了，一只金龟子静静地匍匐于葡萄枝上，似乎在躲避着什么。

这幅《葡萄草虫图》纵 26.2 厘米，横 27 厘米，现在收藏于北京故宫博物院。与《果熟来禽图》一样都有着浓浓的林椿风格，同样采用折枝画法，画作内容都是植物加动物的形式，用植物的静和动物的动相互衬托，在不大的范围内，描绘着栩栩如生、情趣盎然

的田园景致。

林椿的花鸟，师法赵昌，一般多用色彩浓淡进行细致的描绘，采用多层设色，层层晕染的方法，形成形体的凹凸感和栩栩如生的质感。同一串葡萄，浓淡层次分明，葡萄叶也因为用笔用墨的不同，分出新老、正反、枯鲜等状态。葡萄的藤尖点染红色是表示新生的嫩，叶子的边缘用褐色渲染，则说明了叶片历尽风霜之貌。

画上的各色昆虫用双勾填彩法绘制，用线有刚有柔，灵动地描绘出昆虫们或动或静的各种神情和体态。蜻蜓和螳螂画得尤为细致，蜻蜓翅膀的透明轻盈、螳螂刀状前足的锋利、甲虫壳子的厚重坚硬、蟋蟀身体的条理分明，无一不在说明林椿敏锐的观察力和注重细节的绘画风格。全幅都荡漾着秋日的情趣和空灵的诗意，左下方署有“林椿”二字落款，小楷书，整幅画都没有收藏印。

林椿的两幅画，一幅出现了象征多子、富贵的枇杷，一幅出现了葡萄，同样有着多子的含义。在宋朝之前似乎很少有朝代对子嗣如此看重。据说西汉灭亡时，刘邦的后代有上万人，前有李世民玄武门事变，后有著名的“九龙夺嫡”，为什么到了宋朝，多子成为一种很艰难的事情呢？

从基因的角度来说，宋太祖赵匡胤属于是兵马上夺得的皇位，作为唐末的节度使，那时候赵匡胤本人的武力值和身体素质不能算是特别好，但是也绝对不差。而据推测，他也并非是真的死于疾病，他的直系，理论上来说，身体基因应该是没有太大问题的。

但是从宋真宗开始，宋朝皇帝的身体素质就都十分低下了，直接拉低了历代皇帝的后代平均值。在宋仁宗时期，赵祯就因为后宫迟迟没有生育，而被朝臣怀疑过生育能力。到了宋哲宗赵煦的时候，据说在他 17 周岁之前，高太后为了避免他沉溺于女色，对他多加约束，他身边的宫人也多为年长者。但是等到赵煦自己能做主时，就过上了纵欲的生活，宫中美女如云，皆是天下绝色。但就是这样，赵煦也是仅有一子，在出生后几个月就夭折了。最后据宰相曾布的日记描述，赵煦不是死于风寒感冒，而是因为纵欲过度。之后的各位宋朝皇帝，子嗣也都不算多，子嗣少，皇帝又体弱，朝廷就容易动荡不安，所以在宋朝，象征多子的各种东西，都很受宫廷和民间的欢迎，身为宫廷画师的林椿，喜欢画代表多子的水果也算是顺应了潮流。

但是为什么会出现这种情况呢？有一种说法是与北宋当时的都城开封有关。开封只是一个位于华北平原上的巨大都城，当时的地理环境决定了开封城的地上水源极其有限，据说地上水还很苦涩难饮。

在这种情况下，宋朝的能工巧匠们就研制出了地下水管道，他们的饮水系统十分先进，但是作为管道的材料，他们却选择了铅。

那个时候的人们可能意识不到这种金属对于人体的伤害，他们只是认为这种用水方式十分方便，而作为一国之主，皇帝所享用的往往是最好的，正是这种最好，加剧了皇族重金属的过度摄入，最后代代相传下去，子孙的身体就越来越弱了。

马公显
画佛世家的家学渊源

《药山李翱问答图》胆瓶引起的顿悟

栅栏围起来的禅院里，肆意生长着两棵苍松，长得极高，树冠高高地向上伸着，似要冲到云里去。树干在低矮处微有弯曲，稍高处就开始松针茂密了。树下有张板状腿的石桌，桌上有花瓶、砚台、茶盏和两函经书，桌旁有位精神矍铄的老僧坐在具有江南特色的竹椅上。

“禅师，李大人又派人来请您去家中供养了，已经是这个月的第三次了。”一小沙弥缓步走来，轻声说道。坐在那里的药山禅师没有动，也没有说话。等了一小会儿，那小沙弥就又轻声地离开了。

山间有风吹过，树上的松针交错出沙沙的声音，天光和煦地照在药山禅师正在翻阅的经书上，世间的凡俗之事在这一刻似乎都已经远去。这样的情境却被一阵急切的脚步声打破，一个身穿官服、

气势不凡的人出现在了药山禅师的桌子前。药山禅师却没有动，也没有说话，仍旧在静静地看着经书，气氛好像忽然有点紧张了起来。小沙弥看了看禅师，又看了看面有不愉之色的李翱，怯怯懦懦地开口说道："禅师，太守大人来了。"

药山禅师还是没有说话，山间的风似乎在此刻都已经停滞，只有药山禅师轻轻翻阅经书的声音。李翱等了好一会儿，见禅师仍旧没有理会自己的意思，就愤愤地说着："见面不如闻名！"说完话怏怏不乐地抬脚就要走。这时候药山禅师在他身后说了一句："何得贵耳贱目？"李翱毕竟是闻弦歌而知雅意的文人，听了药山禅师的话，马上拱手道歉，并请教说："何谓道耶？"药山禅师没有说话，反而手往上一指，又指了指桌上的净瓶问："懂吗？"

"不懂！"李翱很快答道。

禅师再说："云在青天水在瓶。"李翱听闻之后恍然大悟，回去后作诗偈称赞药山禅师："练得身形似鹤形，千株松下两函经。我来问道无余说，云在青天水在瓶。"

马公显的这幅《药山李翱问答图》又名《李翱参药山图》，绢本，水墨淡设色，纵 48.5 厘米，横 25.9 厘米，收藏于日本京都南禅寺。这是一幅典型的南宋画院风格的佛画，整体构图简洁，意境完整而意味无穷，将一场充满哲理的严谨问答呈现在了我们眼前。马公显用淡墨描写苍松树干，以浓墨点苔，又细化了松针，人物形象鲜明、气韵生动。

“云在青天水在瓶”到底是什么意思呢？大意是在说，道是不能正面表述出来的，也就是没法下一个确切的定义，但它是真实自然存在的，就像云在青天，水在瓶中一样。这种问题无法正面回答，也是禅宗惯用的隐喻方法了。画中还特地描绘了那个“水在瓶”的瓶子，是一个直颈、有口沿、扁圆腹的胆瓶，瓶中还插着一枝梅花，放在一个方形座架内。当时的很多佛教活动都有胆瓶的身影，是很多僧侣日常礼佛和做各类法事常用到的器具。胆瓶不仅受到僧侣的看重，在宋朝可以说各类人群通杀，备受青睐与追捧。胆瓶加梅花的组合更是宋朝风雅的标准配置了，宋词中就有：“几度醉吟，独倚阑干黄昏后，月笼疏影横斜照。……便须折取归来，胆瓶顿了。”

胆瓶器型优美，通常都是圆腹厚底、颈长口小，造型简洁流畅却又稳定挺拔，像一只优雅的仙鹤。对于僧人来说，特别适合用于清供单枝的长茎花草。外传佛教活动里最初用的都是线条柔和的净水瓶，在佛教活动的逐渐发展中，渐变为使用造型古朴的胆瓶。胆瓶也成为了各种礼佛场景中的经典器具。

宋朝瓷瓶的器型有大量创新，除了胆瓶外，当时还出现了玉壶春瓶、双耳瓶、葫芦瓶、梅瓶、五孔瓶、花口瓶、瓜棱瓶等，让人目不暇接。当然也不仅仅是瓷瓶，像碗、盘、碟、盏、壶、罐、钵、盆、枕等多种瓷器的存在极大地满足了人们的生活需要，而北宋经济的繁荣，为当时制作高水平的瓷器提供了一定的物质保证。

北宋初年，南方的吴越向宋称臣，每年都会上贡大量由越窑生产的秘色瓷。这种用金银装饰的瓷器，俘获了宋朝君臣的心。上行下效，瓷器成为了人们追捧的时兴之物，各阶层的人都开始大量使用瓷器。各地的窑业为了迎合市场，更加努力创新生产各种精品瓷器，这种情况之下，瓷器的主要功能，从简单的使用器具，变成了赏玩和装饰所用。宋朝的酒楼茶馆都以陈设精品瓷器为时髦。

北宋瓷器的发展，跟宋徽宗有着脱不开的关系。宋徽宗可以说是，除了做皇帝不合格，在艺术方面的造诣和追求都是历代皇帝中的翘楚。在见识过各种精美瓷器之后，对于比较常见的柴窑、定窑的瓷器，宋徽宗表示非常不符合自己对艺术的追求，非常不满意。作为帝王，他只要提出自己的想法，就会有人替他完成。于是，各种制瓷、烧瓷的技术被收集起来，并在东京开辟了官窑，为宋徽宗生产他想要的瓷制品。

官窑的存在就有点像宋朝的画院一样，是为了完成宫廷的要求。官窑生产在工艺上不惜成本、精益求精，最后被呈上去的瓷器可以说是“千中选十，百中选一”。成品属于特供的高定产品，不带有一丝的商业性质，并且严禁民间使用。所有的生产技术都需要严格保密，工艺更是精美绝伦，朝着清雅、华贵的方向一去不复返。

与官窑对应的是民窑，民窑不受上位者的束缚，就像是自负盈亏的企业一样，存在的第一要义是生存，生存之后才能考虑其他。工匠都来自民间，注重的是实用价值，看重的是成本和盈利间的距离。用工用料自然就不如官窑那么讲究，生产的瓷器基本都是供应百姓的日常生活。如果认真来说，官窑生产的是可以供后人发出“厉害”这样的赞叹、可以观赏的瓷器；民窑生产的就是你回家时路过街边铺子买的那个刻着大红喜字的碗，虽然有些俗气，但胜在实用。

从《骑驴郊游图》看宋朝人的“共享”交通工具

开封邸店，一个文人模样的人正拿着笔在念念叨叨，他身下的驴子虽然没动，却是在不停“欧啊欧啊”地叫着，难得那位大人不觉得厌烦。

“要我说啊，不要羡慕那些被精草大料喂养出来的马，整个大宋能有多少，最后都留着上战场用了，一生啊都是在刀光剑影中度过。哪像我们，没事陪文人出个游、送学子上个学、替人接个新娘……都是雅事，还能看看开封的风光。别拿马的血统说事啊，真说起来，我们才是真正的‘贵驴’呢。像你们被精心照顾，是用来租给别人的，这叫‘共享驴’，这个生意可是东汉开国皇帝宣传出来的呢。为了保护他的驴，还特意规定凡是用于租借的都要有特殊的印记，免得被人偷走不承认。等到了咱们宋朝就更是厉害了，开国太祖都知道吧，话说太祖一时落难被困在襄阳的时候，就躲在一座破庙里，庙中的老住持也不是一般人，掐指一算，说太祖不是凡人，把自己唯一的一头驴送给了太祖。要是没有这驴，能有咱今天这好日子吗？等到太宗继位，在灭了汉（北汉）后，一门心思想收回燕云十六州，就有那么一丝草率地御驾亲征了。结果高梁河一战咱们的将士伤亡惨重，太宗也身负重伤，胯下战马也被射死了。实在没有办法的时候，发现了一辆驴车，于是就‘窃驴车而遁’，死里逃生。要是没有这关键的两头驴，还能有咱们现在这日子吗？这都是咱们老驴家的光荣事迹，有事没事多提提，同样都是家大业大的，凭啥让它们老马家瞧不起啊。

再说了，你们没事多学习学习，那么多人给咱们写诗画画的，都听不见看不懂吗？宰相王安石王大人‘退居金陵，多骑驴游钟山’，啊，当然这是他罢相之后写的；大文豪苏东坡‘往日崎岖君记否？路长人困蹇驴嘶’；还有什么‘豪家比日醉金樽，驴背愁诗睡正昏’‘蹇驴夜入定山寺，古屋贮月松风清’；还有和张果老一样喜欢倒骑驴的陆游‘此身合是诗人未？细雨骑驴入剑门’……这都太多了，我都数不过来。你们这些小辈儿，一个个的就知道不好好干活，想些有的没的，等着吧，我要干一件大事，让人们都知道，这开封，驴比马重要！”

那文人饶有兴致地看着自己的驴子一顿叫唤，终于住嘴了之后，自己也收好笔墨，回家去了。到了书房后，打开一张长卷，在一旁的草稿纸上写下了“骑驴郊游图”几个字。

马公显的这幅《骑驴郊游图》绢本，纵 87.6 厘米，横 26.9 厘米，现在收藏于美国弗利尔美术馆。画上是五个神情闲适逍遥自在的人，落在最后的人似乎还在和送行的家人告别，虽然是出村却没携带行李，显然不是离别，不是远行，只是五个好友选了一个天朗气清之日，出去游玩一番。树木和近景的石块都是用粗笔挥就，虽然没有宋朝写真画的镜像效果，但却给人以水墨淋漓、率性而为之感。用典型的边角构图的方式，人和景主要集中在下方，与上方的留白很好地形成了虚实相生的对比。

骑驴出行这个事，对于宋朝的文人来说，普遍到什么程度呢？就是我们现在出门，挥挥手路边就会停下一辆出租车。那时候的驴基本就承担起这项工作了，也可以叫作“出租驴”。当然，在宋朝马匹没那么紧缺的时候，也有不少马承担了这一任务的，而且价格也不贵。

宋神宗熙宁五年（1072），日本僧人成寻到汴京交流学习，写

了本《参天台五台山记》，他那时候就是租马做代步工具的，“马人人与钱九百文了，各百文有也”，基本上短途每匹马是 100 文左右。等过了段时间要去各大寺院，这次走的距离时间都比较长，应该算是包天了，“今日借马九匹，与钱一贯五百文了”，一匹马一天大概 167 文，也不算贵了。

如果对马、牛、驴三者进行一个排序的话，马更便捷，牛更稳妥，驴则算是各方优势都有一点，然后胜在了便宜上。宋朝男人这三种动物都可以骑，女人则不是。在宋朝成立之初，宋朝的女人骑驴则被认为是不守礼的，“妇女乘驴已为过矣”。

北宋时平日里女人们出行多乘车子，城内“又有宅眷坐车子，与‘平头车’大抵相似，但椶作盖，及前后有构栏门，垂帘”。因为对女子的约束，骑牛骑马出行仍旧较少。等到了南宋，由于程朱理学的兴盛，基本所有的女人都不再骑行出门。

骑行不可以，各种各样的其他方式就多了。可以选择的出行方式还有小舆、兜子、檐子、毡车、犊车。当时有一种用毛毡做篷的氈车，除了日常的租用，还被用来当作迎亲的“婚车”。宋朝丁昇之的《婚礼新编 · 婚礼》记载：“婿至妇氈车后之右，举帘以俟。”就是新娘到了，新郎要掀开车帘等着。然后也可能是这种车过于豪华，还有不少新娘晕车，花轿就这样出现了，娶亲用的花轿也叫“花檐子”。《东京梦华录 · 民俗》记载：“至迎娶日，儿家以车子或花檐子发迎客引至女家门，女家管待迎客，与之彩段，作乐催妆上车檐……”

这种婚礼用的车和轿子，也可以租。可以只租轿子或车，自己单独找轿夫，这种相对便宜一点；也可以连轿夫一起租用。而且轿夫还有不同规格，常见的两人、四人、八人都有，所谓“八抬大轿”，就是八个轿夫，那时候算是结婚的高配了。

李东
在御街卖画的民间画家

透过《雪江卖鱼图》看宋朝的鱼到底有多便宜?

“寒江孤影，见面即是故人。”

静默，毫无声息地静默，雪花似乎都绕了一个弯，默默地从船边飘过。

“相逢即是有缘，客官，走过路过不要错过啊！”江边小舟上有个渔翁戴着斗笠穿着蓑衣，站在篷船上，正提着鱼对着岸上说话。

“你这渔夫，卖鱼的叫卖声都像是唱戏一样，今天这鱼如何啊？”靠江亭子中的客人边说边向前探着身子看向渔翁手里的鱼。

“哈哈哈，小老儿就这点爱好了，不过今日这鱼倒很是不错，您看手里这条，七八斤重的大鲤鱼，看您客官顺眼，不二价，500 文您就抱走。”

“500 文是不是有点贵了？”那客人迟疑了一下。

“不贵不贵，这要是去到集市上，这么大的鱼要 100 文一斤呐，小老儿捕了一辈子鱼，从不做那坑人骗人的勾当。”渔翁说完，看那客人还是有点犹豫，不禁说道：“看样子您也是个读书人，《铁围山丛谈》看过吗？当年遇见蔡大人和他儿子的卖鱼翁和我家祖上是亲戚呢。”

那客人这次有了点兴趣，说道：“这个我还真没看过，要不您老人家给我说说。”

“咳。”渔翁先是清了清嗓子，把鱼先放回了脚边的桶里，“说来话长，当时还是大观末年，蔡京被罢免了宰相之位，带着儿子坐船去往临安的途中，有渔夫向他卖鱼。当时的鱼价可是便宜啊，不按斤算，10 条才 15 文。蔡京一看鱼确实不错，就让儿子数了 30 文铜钱，要买 20 条鱼。鱼货两清之后，蔡京的大船就开走了，可是不一会儿，那渔夫竟然追了过来，蔡京原以为是想多卖点鱼，但是渔夫的船拢过来之后，竟然说刚才蔡京的儿子数错了钱，多给了一文，要把多余的钱送回来。蔡京大为震惊，要赏赐给那渔夫一些金银，渔夫却摆手拒绝，摇着小船离开了。之后这个故事就被蔡京的儿子写在了《铁围山丛谈》里。你看，作为那渔夫的后人，我也不会去做那骗人的勾当不是。”

“好好好，那这 500 文您收好，鱼我就拿走了啊。”客人拎着鱼，心满意足地走了。等客人的身影消失不见之后，不远处一条小船里有一个声音传过来：“你这卖鱼加故事生意就是好啊，什么鱼啊，你敢卖人家 500 文。”

“哈哈哈，你都说了主要是故事，我讲了这么半天，要点赏钱不过分吧！”渔翁直了直身子，单手执桨摇橹向江边划去了，不知是不是又要将这故事再换个人讲一遍。

李东的《雪江卖鱼图》绢本墨笔，纵 23.6 厘米，横 25.2 厘米，收藏于故宫博物院。此图生动地描绘了一幅寒林雪景下，江边卖鱼的生活化景象。画中山势巍峨空灵，宽阔的江水之上有一条小小的渔船，卖鱼翁正与岸边小亭子里的客人交易；画面的右下角，岸边落尽了树叶的枯树下，还有一位老渔夫，正肩挑着双筐，手持着拐杖，双腿哆哆嗦嗦地走在小桥上，不知是向渔村的家中走去，还是背着鱼去集市卖掉。整幅画将水墨运用得恰到好处，不仅很好地渲染了雪江寒山，浓淡对比之下，层次分明。虽然不是画院的画家，但是李东在画画的手法上还是很好地汲取了当时宫廷画院山水构图的长处。

北宋末至南宋，绘画作为艺术品不仅是取悦上层、装点居室的工具，也逐渐成为众多中下阶层如商人百姓装饰店铺的需求品。这类一般由民间画家创作，表现百姓日常生活的民俗风情的画泛称为“村田乐”。李东的《雪江卖鱼图》属于典型的“村田乐”风格的画作。同类型的画作还有《田畯醉归图》《春社醉归图》等。除了描绘日常生活，还有很多都是关于春社和秋社、喝酒、祭祀场景的画作。

现在看来是描绘普通日常的作品，在宋朝时，却是有点被画院派画家看不起的意思了。在南宋的理宗时期，李东经常在京师的御街上叫卖自己的作品，虽然很受当时百姓的欢迎，却被一些自诩清高的文人看不起，认为他的画作过于俗气，不能细心赏玩。这种心态也并不难以理解，在当时很多文人看来，李东的作品与当时画院的阳春白雪过于格格不入。

李东毫不在乎那些看法，他很喜欢画一些常见的事物，比如他的作品还有《尝醋图》《村田乐》，都是贴近百姓生活的。这幅《雪江卖鱼图》也是如此，虽然宋朝有人不喜欢李东的画，但是宋朝从士大夫到平民百姓对鱼都很喜爱，因为宋朝有很长时间鱼的价格都很便宜。像陆游这种做什么事情都喜欢写首诗记述一下的，就有首《买鱼》诗说："卧沙细肋何由得，出水纤鳞却易求。"还有："两京春荠论斤卖，江上鲈鱼不值钱。"羊肉价格太高买不起，连早春的荠菜也要按斤出售，只有江上的鱼不值钱了。

等到陆游去奉节做官时，经过当时苏东坡流放地湖北黄冈，黄冈的鱼更是物美价廉到陆游需要"抱怨"一下的地步了。陆游在《入蜀记》中写道："鱼贱如土，百钱可饱二十口；又皆巨鱼，欲觅小鱼饲猫，不可得。"

当然，陆游觉得鱼便宜还是占了属地优势，临江靠河的地方，一般鱼的价格都贵不到哪儿去。远一点的地方就不好说了，像北宋的中后期，开封的鱼价就很贵，不是 100 文能吃饱的，而是每斤就将近 100 文。《东京梦华录》第四卷有记载："诸远处客鱼来，谓之车鱼，每斤不上一百文。"因为当时是冬天，汴河封冻，外地的鱼从水路到不了开封，用车陆运的话价格自然就高了，而且冬天吃鱼比较珍贵。只能说，无论什么时候，商品的价值都不是由自身决定的。

宫素然
宋代第一女画家

《明妃出塞图》告诉我们宋朝不和亲的秘密

“都站好，都站好啊，给你们画像可是为了给陛下看的，一会儿表情都好看一点。”一个有些尖细的声音提着嗓子叫道。

“毛大人，您请。”

“按顺序来吧，你先。”画师漫不经心地指着一个女子说道。

“大人，您看，我这腿是不是实际比您看到的要长上那么一点点，不然您近点再看一下。”毛延寿不由凑近了一点，女子的手轻轻一挥，一锭金子就稳妥地落在了毛延寿的手里。“姑娘你说什么呢，你的腿本来就很长。”

“大人，你看，我其实挺瘦的。”

“我我我，我腰很细。”

“我脸上特别干净，没有痣。”

剩下的姑娘们争先恐后地把自己能找到的银钱都拿了出来。一个长得特别漂亮的姑娘却没有动，旁边有点胖乎乎的姑娘问：“你怎么不给钱呢？”那姑娘气定神闲地回答：“我不需要，我也不信不给钱他就能不好好画。”要不说小姑娘还是天真呢，当所有人都选择给毛延寿贿赂的时候，她不给，她就成了冒犯毛延寿权威的人。于是，一颗原本不存在的痣就这样出现在她的画像上。后来，她成了不会被皇帝召见的人。

她更没有想到，见皇帝的第一面是为了告别，她为了汉朝要远嫁匈奴，成为呼韩邪单于的妻子。对于汉元帝来说，一见倾心的女子就要远嫁他人，这一切之所以发生，竟然是因为毛延寿的画像。在这个叫王昭君的姑娘跟着迎亲的队伍离开后，毛延寿付出了生命的代价。

前往匈奴的路程是遥远的，越是前进，风沙就越加强烈，人数不算多的队伍，被风沙隔开，走得断断续续的。昭君的侍女时不时地回头看向汉都的方向，她抱着琵琶偷偷低声地问：“主人，你可后悔？”昭君没有说话，轻微且坚定地摇了摇头。

“大人，我们要不然稍微减减速吧，现在马匹都有点吃不消了。”护送队伍里一个穿着汉服的官员说道。“你们汉人就是胆小，这点风沙算什么，你看我们单于的阏氏都没有事，你莫还不如一个弱女子。”旁边一个身穿胡服，粗大嗓门的官员说。但是在汉朝官员不注意的地方，他偷偷地给自己的随从使着眼色，暗暗加快了马奔跑的速度。“不快跑不行啊，你看汉皇帝那个后悔的样子，万一反悔了，到时候怎么向单于交代。”事后，胡服汉子跟自己的随从解释。“大人英明。”随从也不得不佩服了。

昭君出塞的故事从古至今有无数个版本，无论是画作还是诗词都有很多的作品。诗圣杜甫曾有诗曰：“画图省识春风面，环佩空归月夜魂。千载琵琶作胡语，分明怨恨曲中论。”宋人陈长方也有诗云：“巫峡江边岁屡更，汉宫日月亦峥嵘。此身端可清边患，谁惜龙沙以北行。”很多作品都是在展现昭君的无奈、悲凉和凄苦，但是在同为女性的宫素然笔下，昭君是坚毅果敢的，是英姿勃发的。

宫素然的《明妃出塞图》纸本，水墨，纵 30.2 厘米，横 160.2 厘米，现在收藏于日本大阪市立美术馆。主要通过人物细微的神情来表现宫素然内心昭君出塞的景象，对人物的形象刻画得非常真实生动，线条勾画得细致流畅。昭君没有人们想象中的哀怨、凄苦，反而是身骑骏马，跟着领路官员的马匹，与随从共同飞驰。可能在宫素然的理解里，昭君愿意出塞就表示她不是只会哭哭啼啼的弱女子，而从结果看，昭君出塞之后，不仅在匈奴发展传播了汉朝先进

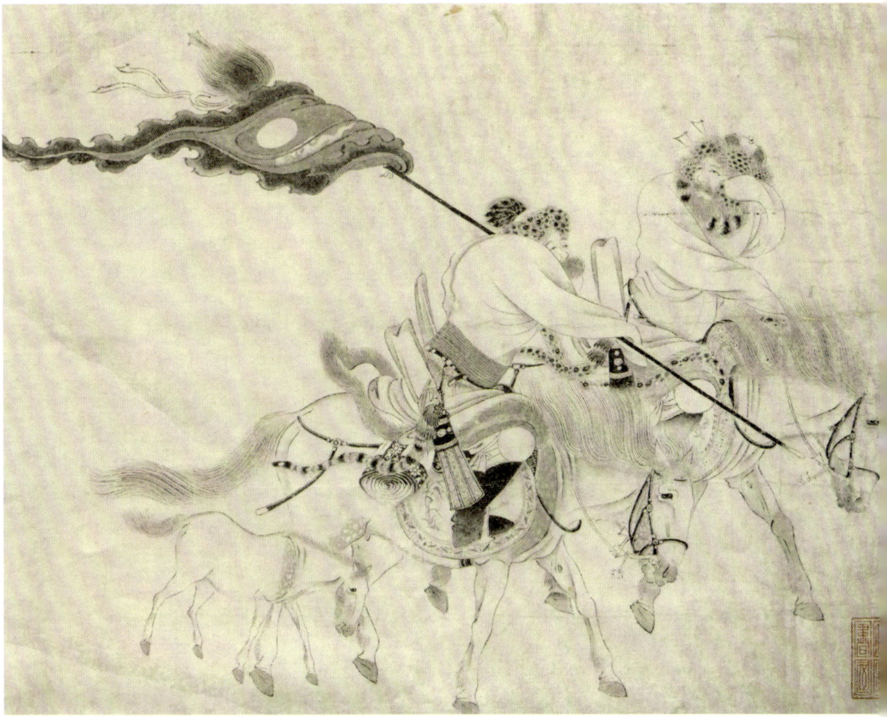

的农耕技术和优秀文化，还能与匈奴人友好相处，能做到这一点的也绝不会是一个毫无主见，只会哀怨命运不幸的人。

宫素然不仅是古代难得的女画家，也是少见的女道士。有人认为她是南宋人，也有人认为她是金朝人，但是从她在《明妃出塞图》中表现出的忧国忧民之情来看，她是宋朝人的可能性较大。那时候的南宋内忧外患叠加，政权衰落加上战乱频繁，不得不几次三番地割地赔款求和，用苟延残喘的方式求得一隅安生之地。而宫素然画

作中流露的担忧，显然更符合她是宋朝人的设定。不过有这种争议，并不影响宫素然是一位优秀的女画家。

宋朝虽然被称为弱宋，但是却和明朝一样，做到了从不对外和亲。南宋不和亲的原因比较简单，跟金国的仇恨太深，跟蒙古又是直接开打，不太具备和亲的基本条件。而北宋不和亲的原因就比较复杂，在宋太宗雍熙三年（986）时，面对辽国的入侵，宰相李昉提出过和亲，但是宋太宗拒绝了，反而派出大量士兵防御。

等到宋太宗端拱二年（989），面对辽国的再次入侵，这次提出和亲的人换成了户部郎中张洎，史载“众议纷纭，咸非得策”，虽然争议比较大，但还是失败了。到了宋仁宗庆历二年（1042），又有人提和亲这个事了。那时候因为宋军跟西夏在打仗，辽国就说，西夏现在已经是我罩着的了，你打他就是不给我面子，要打就得先跟我说，“兼李元昊，于北朝久已称籓，设罪合加诛，亦宜垂报”。这次据说是辽国有点想和亲的意思，北宋也有点犹犹豫豫，然后被派去和谈的富弼一票否决了。

这次和亲失败可能是因为，地位没谈好。当时宋辽算是和睦时期，按理说和亲增加下友情也没什么不可以，但是当时主要是由耶律一族和萧氏一族共同维持辽国权势，人家内部就规定好了，耶律做皇帝，皇后必须是萧氏的人。所以宋朝要是派去公主，不能做正妻，不然辽国就会起内乱。同样的道理，宋朝也不敢让辽国的人做皇后，毕竟生完有辽国血统的孩子之后，里面可以操作的文章就太多了。最后这次辽国用西夏碰瓷，富弼只花了很少的钱就摆平了，宋朝和辽国亲如兄弟的一百多年里，再也没有人提过和亲这事。

吴炳
用画技征服皇后的人

《紫茄图》撑死老爷子的好菜蔬

暗绿色的茎上长着几片宽大的叶子，在最大片叶子的下方开着一朵五瓣的小花，粉白的蕊在花瓣的衬托下显得异常小巧精致。占据画面重心的还是那紫色的椭圆的茄子。不用怀疑，就是你日常餐桌上、路边市场里会出现的普普通通的茄子。

“啊，本茄只应天上有，人间哪得几回尝！”

“就一个茄子，不要这么自卖自夸好吧？”

“看不起谁呢，从古至今给我画画的、为我写诗的不计其数，你看吴炳给我画的写真，多好看！你算哪儿冒出来的大蒜头，敢来嘲笑我？”

“呦呦呦，人家夸你几句你就当真了，真以为自己多受欢迎呢！”

“怎么就不受欢迎了，黄庭坚夸我：‘藜藿盘中生精神，珍蔬长

蒂色胜银。’贾似道也夸过我：‘紫头青项背如龟，青不青兮紫不绯。’就连大观园里的一众姐姐也都很喜欢我呢。”

“你别欺负我没文化啊，黄庭坚就算了，贾似道是个贪官吧？大观园里特别喜欢你的是刘姥姥吧？”

“贪……贪官怎么了，贪官也不能不让人吃茄子啊，这是什么道理！”

“啊！”

“啊！”

“客官，你的蒜炒茄子好了，慢用！”

宋朝写生画家吴炳笔下的茄子，就好像画家用照相机给正在生长中的茄子拍了一张照片，不得不说，吴炳这幅画真的当得起一句“工画花果禽鸟真态，写生可夺造化”。吴炳的画就很有宋朝画院写生的风采，比较特殊的是他成为画院待诏的方式。

当时宋朝的画家，成为画院待诏的方式可以说是多种多样。常见一点的是因为画画颇有才名，正好宫廷需要画家作画，应诏入宫；还有当街卖画，被举荐给皇帝得到赏识后进的画院。而吴炳开辟了一条特殊的道路，他是因为画作被皇后赏识而成为画院待诏的。

常看古装宫斗剧的人一定都很熟悉一句话，叫作后宫不得干政。宋朝的画院正常来说就是为皇帝一人服务的，皇帝一个人说了算。但是吴炳那个时候比较特殊，他刚好赶上了，皇帝说了不算，皇后说了算。

淳熙十六年（1189）二月，赵惇受到父亲宋孝宗的禅位而登基，但也许是过长的等待登基的时间（他 42 岁才登基），或者加上受与父亲前期亲近、后期疏远猜忌的影响，赵惇登基后病情一直时好时坏，无法正常处理朝政。对于赵惇的病，现代一般认为是精神疾病的一种。据说他在参加一次太庙祭祀时，因为遇到了突发状况，被惊吓到生病，“噤不知人，张口呓言”，后宫有不少人暗称为“风皇”，也就是“疯皇”。之后更是“不视朝”长达一个月之久，自此更是经常会“帝有疾，不视朝”，或者“帝疾稍愈，始御延和殿听政”。他在生病养病期间，国家大事自然要有个人来处理，于是，他的皇后李氏就“责无旁贷”地接过了这个重任。

李氏是庆远军节度使李道的次女，她性情强悍、善妒，性格懦弱的光宗赵惇根本不敢与她正面对抗。别说是提拔一个画家进画院这种小事，就是虐杀光宗宠妃、封娘家三代为王、提拔人数超过百人这些事也都做得。当时的宋朝是赵家的天下，却是李氏呼风唤雨的舞台。

吴炳进到画院之后，很多画作都得到了李皇后的喜爱，赏赐非常丰厚，更是被赏赐过金带。要知道，像李迪这样活跃于宫廷画院几十年，并深受孝宗、光宗、宁宗三朝皇帝恩宠的人，才被赐过一条金带。只能说，吴炳的优厚待遇说明了画家的作品是一回事，对上了上位者的口味，可能才会在宫廷画院争得一席之地。

吴炳的画多为花鸟蔬果，像是《山茶鹁鸽图》《鸳鸯瑞莲图》《宝珠玉蝶图》《折枝绛桃图》《折枝芍药图》等。这幅《紫茄图》也是蔬果图画中的一幅。在宋朝，茄子用美味征服了很多人，比如陆游的《素饭》：“放翁年来不肉食，盘箸未免犹豪奢。松桂软炊玉粒饭，醢酱自调银色茄。时招林下二三子，气压城中千百家。缓步横摩五经笥，风炉更试茶山茶。”黄庭坚曾一次写了四首《谢杨履道送银茄》，更是在诗里感叹，看惯了紫色的茄子，看到银白色的茄子就被惊讶了一下；喜欢茄子这道菜的，可真是很有口福；吃完了不算，还在琢磨要点种子自己回去种。黄大人对茄子的喜爱也是真情实感了。

宋朝人在饮食上的花样也是极尽挖空心思之能事，在《东京梦华录》卷二中，记载的饮食就有：乳炊羊、莲花鸭签、羊角腰子、酒炙肚胘、入炉羊头签、鸡签、盘兔、葱泼兔、炒兔、假野狐、金丝肚羹、石肚羹等不下五六十种。而茄子的存在还有一段宋朝不愿提起的伤心往事，这个往事与靖康之难还有关系。

传说在北宋末年的时候，金军攻破东京抓了宋徽宗、宋钦宗两位皇帝当俘虏，一同掳走的还有大批工匠、各种艺人和平民女子，宫廷中的大量奇珍异宝、书画典籍等也被运往金国都城上京。在被送到五国城（今黑龙江省依兰县松花江边旧古城）时，两位皇帝都已经连饿带累要走不动路了，正好江边有个渔夫在捕鱼，金兵就让渔夫将此鱼做成菜给众人吃。但是渔夫所捕的鲇鱼比较少，为了能让人吃饱，就加上了茄子一起乱炖，没想到味道极其鲜美、特别好吃，一行人都对这样的美食赞不绝口，撑得宋徽宗不住地打着嗝。于是东北地区就有了“鲇鱼炖茄子，撑死老爷子”这样的说法，后来便逐渐流传开了。

《榴开见子图》苏东坡和吕洞宾的和诗雅事

宋朝熙宁年间，湖州东林有个名叫沈思的隐士，他家中藏书很多，且喜好喝酒还有一手酿酒的好功夫。性格豪爽，爱结交朋友，来来往往经过东林的文人雅客们，都知道他热情好客，只要经过就经常登门拜访，沈思也不认为这是一种打扰，无论谁来都奉为上宾，招待好酒好菜。

一个自称回山人的道士来到沈思这里，两人相谈甚欢，对杯畅饮直到天明，最后瓮中所酿尽数喝光。回山人说："我很久没有游历浙中了，今天算是为了沈公而来，应该给你留下一首诗，但是我不会像世人那样用笔写。"说完就用石榴皮在墙上写字，最开始颜色是黄的，之后就一点点变黑了。留诗之后表示自己就要告辞了，沈思去送他，见那人走上一座石桥，走了几十步就不见了，后来周围的人都说那是吕洞宾。

七年之后，苏东坡有机会经过晋陵，见到了沈思的儿子，他对苏东坡讲了沈思与吕洞宾的故事。这个时候离沈思去世已经三年了。苏东坡读了吕洞宾留下的诗后，也用石榴皮和了一首诗。《回先生过湖州东林沈氏，饮醉，以石榴皮书其家东老庵之壁云："西邻已

富忧不足，东老虽贫乐有余。白酒酿来因好客，黄金散尽为收书。”西蜀和仲，闻而次其韵另和三首。东老，沈氏之老自谓也，湖人因以名之。其子偕作诗，有可观者》，在题目里就把听说的故事和诗词都包含在内了。苏东坡和的诗其一：“世俗何知贫是病，神仙可学道之余。但知白酒留佳客，不问黄公觅素书。”其二：“符离道士晨兴际，华岳先生尸解余。忽见黄庭丹篆句，犹传青纸小朱书。”其三：“凄凉雨露三年后，仿佛尘埃数字余。至用榴皮缘底事，中书君岂不中书。”石榴皮留诗相和的故事就这样流传开来。

吴炳的《榴开见子图》为绢本设色，纵 26.5 厘米，横 25.4 厘米，现在收藏于台北故宫博物院。画上生动地描绘了石榴因为过于成熟而果皮迸裂开，一只柳莺闻香而来，正陶醉地闻着石榴散发出的香味的情景。石榴的表面不是一片光滑，而是因为经过风吹日晒以及过于成熟而留有各种伤痕。外皮桃红饱满，里面紫红色的子粒粒分明、鲜嫩欲滴，被用来象征多子多孙，生生不息。

石榴并不是本土物种，公元二世纪，汉代张骞出使西域时将其带回，之后很长时间只有皇室才能接触到。东汉末年蔡邕写道：“庭陬有石榴，绿叶含丹荣。”但是随着石榴栽种技术的不断发展，到宋代时，石榴种植已很普遍。尤其宋朝的农业发展非常迅速，为了让果树多结果子、结好果子，连嫁接都出现了。

宋朝皇帝多困于子嗣稀少，这也是多子意象的各种事物在宋朝长期流行的原因，但是他们不仅操心皇家的孩子，还要担心百姓家的孩子。在《宋会要辑稿 · 食货》中，记载了多组宋朝的人口统计数据，比如，在宋仁宗天圣七年（1029），共有 10162689 户，26054238 人，到了宋哲宗绍圣元年（1094），共有 19120921 户，42566243 人，单纯看这个数据其实没有什么太大问题，但是算数好的除一下就会发现，平均每户人家只有 2.5 人和 2.2 人。

其实北宋的人口数还是很可观的，石榴意象的出现只是表示美好的祝愿。等到了南宋，人口数量才是真正让官家和朝廷头疼的。经历了各种天灾人祸之后的南宋，有段时间人口数锐减，为了更好地刺激生育，南宋绍兴八年（1138），官府曾下令对平民不能养育子女的进行资助，这种鼓励生育的政策也是自古有之了。

当时的标准是生下孩子后，朝廷对于贫困的家庭每户每胎补贴四贯钱，这笔支出来自“免役宽剩钱”，其实是征税后留存备用的一项收入。税收的钱也是有限的，于是在三年后，有个叫王洋的地方官就提议将给钱变成给粮食，因为地方存粮比较多，而且对于妻子有身孕的农民可以免除一年杂色差役。接到报告的宋高宗同意了免除徭役的提议，又批示说：“愚民无知，迫于贫困，不能育，故生子而杀之。官给钱物，使之有以育，则不忍杀矣。朕为民父母，但欲民蕃衍，岂惜小费也？”之后就是由中央财政负责这项支出了。

继这项给宋朝人民发“奶粉钱”的政策之后，基本就是钱、粮交替，朝廷看情况随机组合。绍兴十五年（1145）是只给发粮；宋孝宗乾道五年（1169）之后，是钱粮都发；宋宁宗开禧元年（1205），朝廷又重申旧令："申严民间生子弃杀之禁，仍令有司月给钱米收养。"宋朝皇室可能因为自身的生育问题，格外关注百姓的生育问题。民间也涌现出各种多子的诗词和多子意象的画。

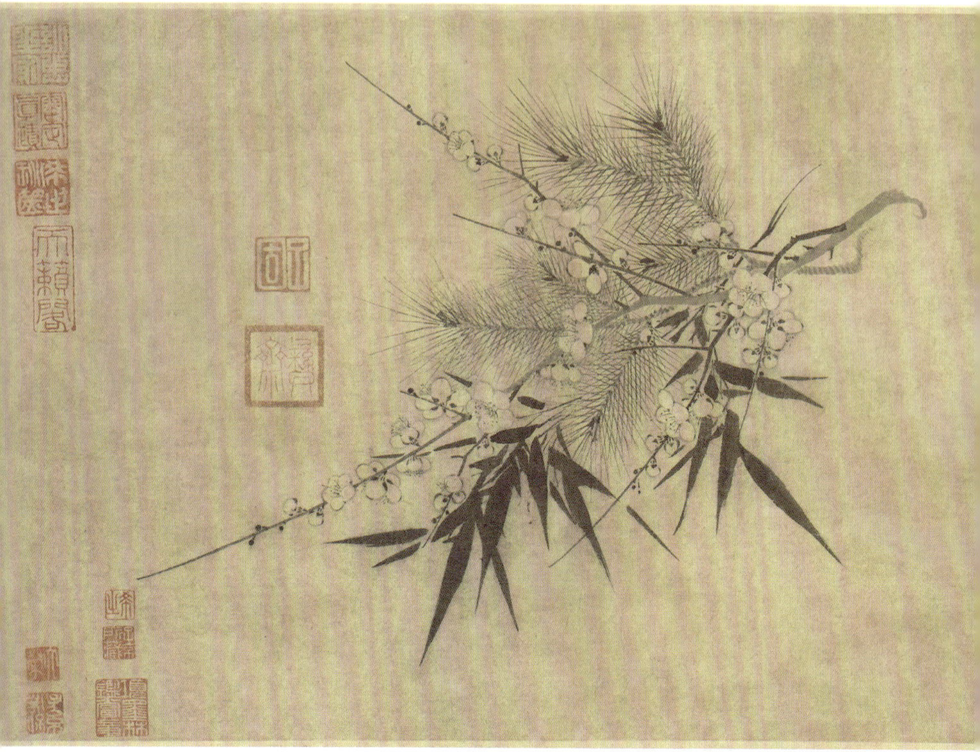

赵孟坚
南宋最著名的书画收藏家

《岁寒三友图》的作者于书画船里度余年

时值岁末寒冬，北风呼啸，白雪皑皑，万物凋零。萧瑟清冷的大地披上银装素裹的外衣后，一切活动似乎都按下了暂停键。一家挂着“雪堂”的小屋前，响起了一阵不为人知的对话声。

“要说人们的喜爱，跟夏季的花草比不了鲜艳，但胜在沉稳啊，你们看我的身影，出现在多少画作和诗词中。”

“你一身绿油油的外衣，在颜色上就先输了一筹好吗，最起码我还有香味，有好几种颜色呢！”

“绿色惹你了？我和松树都是绿色的。‘好竹千竿翠，新泉一勺水’。听过没？”

“开始比诗词了是吗？‘日暮诗成天又雪，与梅并作十分春’。谁怕谁啊！”

“好像谁没有，我也来，‘何当凌云霄，直上数千尺’。我这还是诗仙李白的诗呢！”

“作者还要比较吗？你这挺直的外表掩盖不了你弯弯绕绕的内心啊。不像我，内里都是满满的谦‘虚’，‘无人赏高洁，徒自抱贞心’。”

“你一棵竹子，怎么说起话来这么不硬气呢。‘横笛和愁听，斜枝倚病看。朔风如解意，容易莫摧残’。”

“梅花说得对，‘时人不识凌云木，直待凌云始道高’。做一棵安静的竹子不好吗？”

“起码都是树，你还帮一株花？”

“请看清，我是梅花树。”

“大人这宅院，有点寒酸冷清啊。”一个带着点调侃意味的声音从屋内传了出来。有声音响起，院子里争论不休的松、梅、竹就都不说话了。

“哈哈哈，‘风泉两部乐，松竹三益友。’风声和泉水是可以为我排解寂寞的乐章，长青的松柏、竹子和凌霜绽放的梅花是跟我相伴寒冬的三位益友啊！”

“算了，我们还是和好吧，比来比去又有什么意思。”一个声音小小地说道。旁边的松树挥舞着松枝好像在点头，梅树上飘落下的梅花传来的暗香，似乎也在表示赞同。

千百年来松、竹、梅获得了很多文人墨客的喜爱，原本各有各的簇拥者。宋代林景熙《王云梅舍记》中言：“即其居累土为山，种梅百本，与乔松、修篁为岁寒三友。”松、竹、梅便成为了凌霜傲雪、傲然不屈的高贵品格的象征。

赵孟坚的这幅《岁寒三友图》就是将松、竹、梅绘到一起的精品，画卷为绢本，纵 24.3 厘米，横 23.3 厘米，现在收藏在上海博物馆。画上的松针以淡墨勾出，笔法明亮轻快；竹叶则用浓墨阔笔，展现出叶子的挺实；疏疏落落的梅花用圈瓣法画出，花蕾、花萼及花蕊随意点簇，生动自然。画面既很好地表现了梅、松、竹傲立寒冬的风采，也体现了赵孟坚作为文人所崇尚的气节和审美情趣。夏文彦《图绘宝鉴》曾评价赵孟坚的作品“清而不凡，秀而雅淡”。在文化交流频繁的宋朝，“岁寒三友”的概念由中国传入日本，又添加了吉祥如意的含义。在东京皇宫的正殿里有三间厅堂，分别是“松之间”“竹之间”和“梅之间”。

在南宋，大多数的画作都是写真画，画家致力于把自己的画作与真实存在的花鸟鱼等画得纤毫不差。赵孟坚虽然是宋太祖的十一世孙，却从小家境贫寒，在宋理宗宝庆二年 (1226) 中了进士，境况才有所好转。但是仍旧没有享受到太多太祖的余荫。他摆脱了纯粹的拍照式画法，将自己的审美、情感融入到画中，用画言情抒意。目前所能见到最早用水墨画兰花的是赵孟坚之作，作品笔调有力而舒卷自如。他笔下的兰花则以画“露根兰”出名，也就是画兰不画土，因为宋朝灭亡之后，他自己成为了有根但无土之人，用露根兰来寄托自己的无土亡国之痛。在墨兰长卷中更有题“纯是君子，绝无小人”这样的话，以画和诗词表达其内心复杂的感受。

赵孟坚除了画兰花出名，也是南宋最著名的收藏家。他在广陈时，有一艘小船，上面载满了书画琴具等风雅之物。醉卧行船，看夕阳赏满月，带着收藏的书画古物东游西逛，与各处的文人墨客醉谈诗文，饮茶作画，也曾酒后在西湖高歌《离骚》，被当时的人称为

“赵子固书画船”。船上“多藏三代以来金石名迹，遇其会意时，虽倾囊易之而不靳也”。据说他在开庆元年 (1259) 曾得王羲之的五字不损本《兰亭帖》，回家时风雨骤来，船有将要倾覆的危险，他却：“被湿衣立浅水中，手持《禊帖》示人曰：‘《兰亭》在此，余不足介意也。’”也因此有八字题于《兰亭帖》卷首：“性命可轻，至宝是保。”到临终前都在说：“百年处世欠三秋，事业都归水上沤。”

书画船是中国书画家所独有的，在宋朝，米芾在江淮时于船上揭牌，称“米家书画船”。米芾的《虹县诗卷》，其中有“满船书画”四个字。黄庭坚在《戏赠米元章》里也有说：“沧江静夜虹贯月，定是米家书画船。”米芾还给自己的船起了一个“宝晋斋舫”的名字。赵孟坚的书画船更多的是为了躲避现实，为了给自己郁郁无解的心情找一个发泄的出口，宋朝覆灭又无力改变，在无所实际作为的时候，似乎只能寄情于玩乐了。

书画船的出现跟当时的环境有很大关系，最初北宋经济繁荣，大量的书画作品问世，文人可以交流的东西变多了。等到绘画中心南移之后，很多人出行都以水路为主，还有很多官员坐船去上任，或者去旅游。苏轼的《赤壁赋》，自然也是去赤壁游玩时才写的一件作品，“泛舟游于赤壁之下”“相与枕藉乎舟中，不知东方之既白”。宋朝的造船技术又比较发达，船造得够大，能容纳下书桌，也能容得下饮茶热酒的器具，那些文人墨客自然不会放过这样一个便利的交流机会。

陈宗训
喜欢“打仗”的婴童画家

《秋庭戏婴图》彰显了舞枪弄棒下的英雄情结

风吹过假山上的藤蔓，带来沙啦啦的响声，假山后的池塘被顽皮的风吹起阵阵的涟漪，院子里的宁静很快就被一阵急促的脚步声打乱。

“嗨，吃我一刀！”一个咋咋呼呼的小男孩儿的声音传了过来。

“你的刀根本就不行，看我的长枪！”另一个听起来大一点的女孩儿声音毫不相让地说道。

“七姐、十一弟你们不要对着打了！”一个有点小的女孩儿颤着声音说。

“不行，我就要打！”

“谁怕你！来呀！”

最开始的两个小孩儿谁也没有把小八的话放在心上，随着争吵不休的声音，互相挥舞着各自的“武器”，一杆带着红缨的玩具长枪狠狠砸在了一把玩具刀上面，就在两个人较着劲儿的时候，咔嚓一声

响，那叫作小十一的男孩儿，他的刀，断了。

果不其然，天下的小孩儿面对这种情况都会有的一个反应就是号啕大哭，“哇哇哇”的哭声很快在这小小的天地里响起。但是显然小十一也并不是一般的小男孩儿，他哭了两声表示自己的伤心之后，很快就瞄上了小七的长枪。

“哇，啊，七姐弄断了我的刀，你把枪赔给我。”小男孩儿一边哭着一边第一时间想要将自己的损失降到最低，而且用最快的速度想出了解决的办法。小七看到前一秒还在哇哇哭，后一秒就开始索要赔偿的小十一，显然也有点慌。但还是硬气地说着：“不赔！”小男孩儿看了看自己的断刀，突然一个使力，上前一步拽住了小七红缨枪的一段，小七见此也毫不示弱，抓住了长枪的另一端，旁边的小八被这个变故震惊到了，拿着自己的红缨枪，想劝又有点不敢，犹犹豫豫地看着两人争夺得面红耳赤。

这场“战争”可能最后会以一个或者全部小孩儿的大哭结束，然后被哭声引来的大人，各打“五十大板”，这几个今天哭唧唧的孩子，明天还会和今天一样，毫无芥蒂地玩在一起。

这幅《秋庭戏婴图》是宋朝画家陈宗训的作品，扇面，绢本，设色；纵 23.7 厘米，横 24 厘米，现收藏在北京故宫博物院。整幅画用笔工细，设色鲜艳而温和，构图更是新颖别致，画面中三个孩童占据了画面不到二分之一的位置。正在争夺玩具的两个孩童，认真里透着可爱。细看能看出一个是男孩儿，一个是女孩儿，男孩儿看上去稍微小一点，但是力气似乎一点也不小；另一个女孩儿回头凝视着两人，看着动手的二人，似乎是想劝和，又不知道从哪儿开口，可能还担心自己的玩具被抢，面露迟疑犹豫之色，所以半转回身，做好了随时逃跑的准备。三个孩子身后有一座假山，山间绿叶繁茂，欣欣向荣；地上小草散落有致，生机勃勃。

陈宗训原本是一位民间画家，后进入画院成为待诏，跟随宋朝有名的婴童画专家苏汉臣学习。“婴戏图”虽然名字是“婴”，但实际是“孩”。画作上的儿童一般都是三岁以后走路比较稳的孩子，或嬉戏，或玩耍，千姿百态，妙趣横生。很多时候还会和各种吉祥寓意的事物、生肖图案、各种儿童游戏相结合，多数都象征着多子多福。婴戏图在秦汉之前就已经出现，在宋朝被各路婴童画家发扬光大，宋代更是成为了婴戏图的黄金时期。

大多数婴戏图，都会表现孩子玩耍的场景，像陈宗训这样，舞“刀”弄“枪”的还是少数，而三个孩子拿着的红缨枪，在陈宗训时期也算是大有来历。陈宗训是绍定（1228—1233）时成为画院待诏的，而在 1127 年，赵构在南京应天府（今河南商丘）即位，成为南宋的第一位皇帝。赵构即位后并没有第一时间反抗金兵的入侵，而是听从黄潜善等人提出的避战南迁的政策，打算南行“巡幸”，想要退避到长安、扬州等地。

一味地躲避自然只能让金军的气焰更加嚣张，在赵构即位后一年，金军就大举南侵，进犯孟州的汜水关。这个时候，岳飞的军事才能和报国的忠心打动了抗金派领袖人物宗泽，岳飞得以发挥自己的军事才能，在汜水关一带击败了金军，凯旋后，被宗泽任命为统领，不久又提升为统制。

当时的南宋，抗金的主要方式是躲，岳飞最后的结局大家都知道了，胜利在望的时候，被十二道金牌召回，最后惨死在“莫须有”的罪名下。虽然最后的结果已经被历史铭记，但是在当时的宋朝，难得有一个可以抵抗甚至反击的将领，岳飞在宋朝的人气自然很高。他当时抗金所用的武器里就有红缨枪，也就是《秋庭戏婴图》里那几个小孩子手里拿着的那种。不得不说，在任何时候人们都会

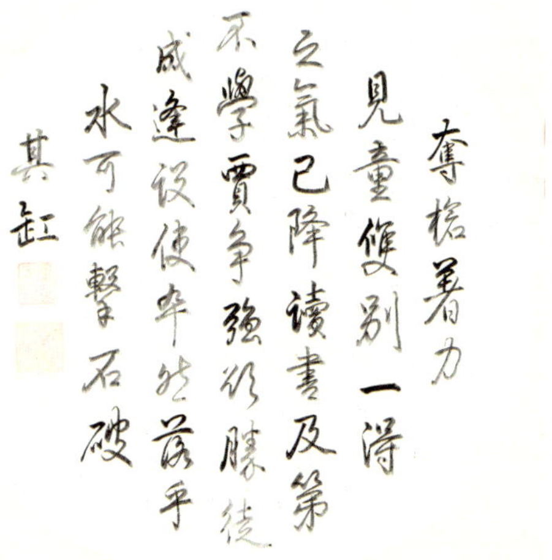

崇拜那些保家卫国之人，小孩子可能并不会意识到，手里的玩具上面寄托了大人什么样的心思，在他们简单的世界里，能打败入侵家园的人就是自己的大英雄了。

宋代枪类的兵器有很多，像单钩枪、双钩枪、抓枪、锥枪、素木枪、环子枪、拐枪等，而红缨枪其实就是在正常的枪身上加个红缨。红缨的作用一个是缨穗可以吸血，在刺伤敌人之后可以阻止血顺着枪杆流下来；还有就是在战斗中，晃动的红缨会给敌人摸不清路数的感觉，增加敌人的心理压力。在现代的各种影视作品里，岳飞的形象多是手持长枪，胯下骏马嘶鸣，勇往直前地冲在战争的第一线。不得不说，岳飞抗金的失败真的是千百年来很多人心里的“意难平”，很多人都曾想过，如果岳飞没有听从那十二道诏令……可惜的是岳飞没有做其他的选择，历史也没有如果。

毛益
精于工笔的童心画家

《牧牛图》背后的小孩子发型那些事儿

太阳已经渐渐西沉，落日的余晖里，微风轻拂过田边的树木，枝丫摇动间似乎是在提醒，放牧的小童们该赶牛回家了。其中一个小童跨坐在牛背上，也许是年龄太小，也许是和身下的牛过于熟悉，他没有半点害怕之意，一手拿着小木棍，一手拿着一只不知名的小虫子在玩。身下的老牛自顾自甩着尾巴，慢悠悠地往前走着，身后还跟着一只同样顽皮的小牛犊。可能是刚才贪恋路旁的嫩草，它已经被大牛落下了一段距离，这会儿正“不待扬鞭自奋蹄”，撒着欢儿地追着走在前面的大牛呢！

哞——哞——悠长的叫声在乡间的小路上回响着，远处不断有牛低沉的叫声传过来，还有几个同样骑着牛的小童也在回家的路上了。牛叫声、孩子的嬉闹声，此起彼伏地奏响了村镇里最动人的乐声。

“你们快点，我今天抓到一只好看的小虫子。”

“有多好看啊？”

“就是特别好看。一会儿来我家看啊，赶紧珍惜跟我一起玩的日子吧，再过几天我就不来放牛啦！”

“怎么？你家终于觉得你放牛总是自己玩，不放心把牛交到你手里了？”

“我不是，我没有，别瞎说！”

“那是怎么了？”

“我马上八岁了，已经准备去上私塾了，牛就交给弟弟放了，今天这个小虫子就是回家给他玩的。”

“真好啊，等我大一点，我也想去上私塾！”

“很快的，到时候我们可以一起。你要是准备去私塾，要先养养头发，现在这个样子，阴天时先生都不用点省油灯了。”

“你别跑！”

对于古时候的小朋友来说，放牛可能并不是一件苦差事，牛一般都性子温顺，相处时间久了，似乎只要边玩边看着牛，就能完成任务了。在毛益的笔下，《牧牛图》就向我们展示了这样一幅生动的画面。

牧童座下的大牛，牛角锋利，低着头甩着尾巴惬意地走着，肥壮的身躯给人满满的安全感，步履稳健，似乎四只蹄子轻轻一动，就能走出好远。身后那只小牛犊明显着急了，大牛的步伐太快，它追不上啊，只能一边抬头看着大牛，一边急切地挥动着四肢，想要赶上前去。大牛身上留着总角发型的牧童对这一幕却没有在意，注意力反而在手里的小虫子上面，正一手拿着小木杆在逗趣。画面上的两头牛采用了渲染法，用淡墨染完又以浓墨一遍遍垛上去，更好地展现了牛整体毛茸茸的质感，用细线勾勒牛的关节，四肢与身躯的比例协调、结构准确。八只蹄子有起有落，不同的起伏角度添加了一丝生动活泼。在黑白对比之下，牛的形态更加逼真。在背景的描绘上，柳树枝叶用不同的墨色点出，繁茂而不乱；远山用淡墨描绘，起伏有致，一股空灵之气透出画来。

画上除了两头在画家笔下可可爱爱的牛，还有一个嬉戏的牧童，梳着和座下牛差不多的发型，自顾自地玩着小虫子，一股子天真可爱跃然画上。在宋朝，孩子放牛的场景并不罕见，陆游就写过好几首牧童的诗，像《牧牛儿》："溪深不须忧，吴牛自能浮。童儿踏牛背，安稳如乘舟。寒雨山陂远，参差烟树晚。闻笛翁出迎，儿归牛入圈。"

也不仅仅是牧童，宋朝男孩儿幼年时候的发型通常是画上那种"角"的形式，即只留头顶两边的两撮头发，其余部分都剃光。男孩儿留角的习惯其实与古人对牛的崇拜有关。有说华夏民族的始祖炎帝，是牛首人身，头上还有角，而在宋朝对牛又很是重视，牛的象征意义又是健壮、忠厚，所以男孩儿的牛角发型，也是祈愿婴儿健康成长，健壮如牛。

而女孩儿一般是在头顶正中留一小撮胎发，像"十"字形一样纵横相交。这一纵一横的两撮头发称为"午"，还有个专门的名称叫作"午达"，也叫"羁"。很多大人还会把女孩儿的羁编成小辫，因为高高的向上立着，还有"冲天炮"的戏称。还有的地方会把孩子的头发全部剃去，只留前额处一片多被修剪为寿桃形的头发，又称为"桃子头"，寓意为多福多寿。

而离宋朝不远的契丹儿童，则经常在脑后单独留一绺头发，称为"留老毛"，有祈求长命及子孙昌盛的含义。虽然发型并不相同，但是这种发型的变化是有相互影响的。

当时辽国的萧太后与辽圣宗，亲率大军南下入宋。宋真宗因为宰相寇准的力劝，到了澶州督战。但是因为宋真宗的畏惧心理，加上朝廷主和派的呼声，最后派曹利用前往辽营谈判，最后与辽订立了和约：辽宋为兄弟之国，宋真宗为兄；宋每年给辽岁币银 10 万两、绢 20 万匹。因澶州（故址在今河南濮阳）在宋朝也叫作澶渊郡，所以被后世称为“澶渊之盟”。

在这之后的百年间，宋辽两国不再有大规模战争，而双方互派使者更是达到了三百八十次之多，边境贸易也繁荣了起来。正是因为交流增多，两国的风俗才开始互相影响。

责任编辑：刘　波
装帧设计：李腾月
责任校对：王君美
责任印制：汪立峰

图书在版编目（CIP）数据

藏在宋画里的两宋史．1 / 南宋书房著．-- 杭州：浙江摄影出版社，2022.11（2023.2 重印）
ISBN 978-7-5514-4009-7

Ⅰ．①藏… Ⅱ．①南… Ⅲ．①中国历史－宋代－通俗读物 Ⅳ．① K244.09

中国版本图书馆 CIP 数据核字 (2022) 第 113994 号

藏在宋画里的两宋史．1
CANG ZAI SONGHUA LI DE LIANG SONGSHI. 1

南宋书房　著

全国百佳图书出版单位
浙江摄影出版社出版发行
地址：杭州市体育场路 347 号
邮编：310006
网址：www.photo.zjcb.com
制版：壹品设计工作室
印刷：杭州捷派印务有限公司
开本：889mm × 1194mm　1/32
印张：7.625
2022 年 11 月第 1 版　　2023 年 2 月第 2 次印刷
ISBN 978-7-5514-4009-7
定价：58.00 元